Les pathologies politiques françaises

Du même auteur

Aux Éditions Grasset

La République giscardienne. Anatomie politique de la France, 1980.
La République de monsieur Mitterrand, 1982.

Aux Éditions Gallimard

Les Prétendants, 1983.
Le Complexe d'Astérix. Essai sur le caractère politique des Français, 1985.
Le Ve Président, 1987.

Aux Éditions Flammarion

Les Habits neufs de la politique, 1989.
De Gaulle-Mitterrand. La marque et la trace, 1991.
Les Peurs françaises, 1993. Prix du Mémorial.
La Politique imaginaire. Les mythes politiques français, 1995. Prix de l'Essai de l'Académie française.
François Mitterrand. Portrait d'un artiste, 1997.

Aux Éditions Plon

Une ambition française, 1999. Prix du livre politique 1999.
Derrière le miroir, les hommes politiques à la télévision, 2001.
Le Désarroi français, 2003.
Les Prétendants 2007, 2006.
La Marche consulaire, 2009.
Cartes sur table : entretiens avec Renaud Revel, 2010 (avec Patrice Duhamel).
Portraits-souvenirs. 50 ans de vie politique, 2012.
Une histoire personnelle de la Ve République, 2014.

Alain Duhamel
de l'Institut

Les pathologies politiques françaises

PLON
www.plon.fr

12, avenue d'Italie
75013 Paris
Tél. : 01 44 16 09 00
Fax : 01 44 16 09 01
www.plon.fr

ISBN : 978-2-259-22742-1

À ma première lectrice.

Introduction

Le caractère politique des Français

La France a été durant deux siècles le paradis de la politique, elle en est devenue aujourd'hui le purgatoire. De la Révolution à la fin des années 80, la politique a brillé ici de tous ses feux, comme nulle part ailleurs. C'est en France qu'ont été proclamés les droits de l'homme, que fut expérimenté en premier le suffrage universel masculin, que sont nées les notions de gauche et de droite. Toutes les formes de régime s'y sont succédé, cas unique dans le monde : révolutions, monarchies, consulat, empires, despotisme. Il n'a manqué à la liste que la théocratie.

Quinze Constitutions ont été adoptées tour à tour, record du monde. Les débats d'idées les plus fameux s'y sont tenus, notamment au XIXe siècle. Les intellectuels engagés y ont conquis une place exceptionnelle, sans commune mesure avec celles de leurs homologues des nations voisines. Les citoyens n'ont pas été en reste, votant en masse, manifestant en nombre, allant parfois jusqu'aux émeutes et aux soulèvements. Les hommes d'État de premier plan n'ont pas manqué, le personnel politique a longtemps drainé l'élite de la Nation. La France contemporaine s'est forgée à travers la politique qui a fait l'Histoire et promu le peuple.

Cette France-là semble désormais appartenir à un temps révolu. La politique y a perdu son crédit, son prestige et une bonne part de son influence. Le personnel politique n'inspire plus que défiance et mépris, les intellectuels suscitent dérision ou colère, les médias scepticisme ou rejet. Les Français fuient les partis politiques et votent de moins en moins. Ils critiquent les formes de leur démocratie mais n'adhèrent à aucune idéologie alternative. Les vraies batailles d'idées ont disparu, les projets de société se sont évanouis, les maîtres à penser sont devenus introuvables. La France du XXIe siècle est un désert idéologique et le pouvoir politique ne provoque, quelle que soit sa couleur, qu'aversion, rancœur et amertume. La politique resplendissait en France, elle s'est éteinte, comme consumée ou asphyxiée. Aux enthousiasmes, aux espérances, aux engagements succèdent rejet, retrait ou animosité. La nation la plus politique devient le peuple le plus antipolitique.

Cette crise tentaculaire est généralement imputée aux circonstances économiques, si sombres depuis quarante ans. Cette dimension-là pèse assurément fort lourd mais ne suffit pas pour expliquer le désamour ou le rejet de la politique, puisque les pays voisins qui traversent les mêmes tempêtes et subissent les mêmes dévastations sociales – souvent en pire – ne se détournent pas de la politique avec la même violence. Ils la contestent, la bousculent, cherchent parfois à la réinventer mais ne l'ostracisent pas comme dans l'Hexagone.

On met souvent aussi en accusation l'Europe et la mondialisation pour déchiffrer le désamour politique français. Là encore, même si le sentiment d'impuissance et de dessaisissement a effectivement crû avec la mondialisation et avec l'intégration européenne, la France n'en est évidemment pas plus victime que les autres nations. On met encore en avant l'immigration, la violence, l'insécurité. Elles comptent, bien entendu, elles alimentent la crise d'identité française. Mais pourquoi, de nouveau, ici plus qu'ailleurs ? Il doit bien y avoir des facteurs spécifiquement français pour provoquer une crise de la politique spécifiquement française. Les secousses économiques, les blessures sociales, les métamorphoses sociétales concernent et frappent toute l'Europe. La France n'est pas la plus touchée. Elle est cependant la plus blessée. Il y a donc un mystère politique français.

Beaucoup mettent alors en cause les élites françaises et les accusent d'être la source de tous nos maux. C'est un peu simple et bien rapide. Les élites françaises ont des défauts particuliers, on y reviendra plus d'une fois. Elles sont trop fermées sur elles-mêmes, trop dominées par les brillants sujets issus de la haute administration, trop endogènes, assurément. Il n'empêche que les ingénieurs ou les banquiers français sont recherchés dans le monde entier, que les scientifiques ou les écrivains français obtiennent de beaux résultats, que la haute administration est reconnue pour sa qualité, que les grandes entreprises françaises se situent au premier rang en Europe. En revanche, il est vrai que les élites politiques qui flamboyaient jadis scintillent beaucoup moins aujourd'hui. En un demi-siècle, la baisse du niveau apparaît même accablante. Encore faut-il ne pas prendre les conséquences pour les causes. Il n'y a pas crise de la politique parce qu'il y a crise des élites politiques mais au contraire crise des élites politiques parce qu'il y a crise de la politique.

Il faut en effet beaucoup d'ambition ou de vertu, de vanité ou d'inconscience pour entamer aujourd'hui une carrière politique : outre que les alternances quasi systématiques la rendent particulièrement aléatoire, on y récolte plus de horions et d'injures que de satisfactions ou de compliments. À responsabilités et à investissements personnels équivalents, les fleurs et les fruits du secteur privé éclipsent largement ceux du monde politique. Moins d'argent, moins de stabilité, beaucoup moins de considération, des attaques et des campagnes de dénigrement qui fusent de toutes parts, des horaires impossibles, voilà le lot des politiques. Les responsabilités politiques restent essentielles, irremplaçables et parfois – rarement – grisantes, mais dans l'ordre de la méritocratie, alors que la politique attirait encore les meilleurs il y a une génération, ceux-ci choisissent aujourd'hui le secteur privé. Les élites françaises se détournent de la politique. Elles ne créent pas la crise, elles s'enfuient de la politique.

Reste donc un facteur qu'analystes et essayistes esquivent en général avec prudence : le caractère politique des Français. Si la société française traverse aujourd'hui une telle crise d'identité et de mal-être, cela tient certes aux circonstances économiques et sociales : chômage, précarité, peur du déclassement, insécurité, métamorphose des mœurs, immigration, mondialisation. Tout cela se conjugue pour créer un malaise profond, une angoisse, une atmosphère de vulnérabilité, de ressentiment, bref un pessimisme abyssal. S'il prend cependant en France une forme spécifiquement politique, c'est qu'existe ici une mise en cause du pouvoir plus intense et plus généralisée que chez nos voisins.

Il est vrai que la politique ayant suscité jadis et naguère plus d'espérance et d'engouement en France qu'ailleurs, ayant bénéficié d'un prestige incomparable paie double ou triple le prix du désenchantement. Le fonctionnement des institutions n'est cependant pas en cause. Les Français sont attachés à la Ve République, tiennent par-dessus tout à l'élection du président de la République au suffrage universel direct. Hormis quelques originaux, le régime n'est guère contesté. On le juge perfectible, on critique parfois le mode de scrutin, toujours les réformes territoriales, mais on ne manifeste pas dans les rues en faveur d'une VIe République. Le révisionnisme institutionnel n'est pas à l'ordre du jour.

La dimension proprement politique de la crise d'identité française, la profondeur de l'insatisfaction, le rejet, non pas du régime mais du système ou, plus précisément du fonctionnement de la société politique, tout cela a donc nécessairement un lien avec le caractère politique des Français, avec le tempérament national. Si les structures ne sont pas en cause, les comportements et la psychologie politique des citoyens entrent forcément en jeu.

Face aux secousses et aux bouleversements du monde, les Français, c'est un fait, ne réagissent pas comme les autres, ni comme les peuples d'Europe du Nord, ni même comme les autres peuples de l'Europe latine, et moins encore comme des Américains ou des Japonais. Il y a une manière typiquement française d'amplifier et de vivre la crise actuelle, de la diriger et de la concentrer sur le terrain politique.

En quoi le caractère politique des Français intervient-il dans ce comportement si particulier ? L'objet de ce livre est de tenter de déchiffrer les spécificités du tempérament politique des Gaulois, de mesurer son influence, sa force, son originalité, de mettre au jour leur ressort et leur impact. Si l'intensité de la crise politique atteint son degré actuel, la psychologie et les réactions des citoyens eux-mêmes y tiennent immanquablement une large place. Seuls les hypocrites et les démagogues peuvent ou veulent l'ignorer. Inconstance, déclinisme, égalitarisme, conservatisme, nationalisme, extrémisme, intellectualisme, discorde, ce sont les traits du caractère politique français qui contribuent le plus à la crise et lui donnent cette allure typiquement tricolore.

Cela n'efface en rien, on le verra, des qualités tout aussi marquantes (imagination, idéalisme, courage, réactivité, originalité, initiative, fierté, indépendance, patriotisme). Dans l'ouvrage sans doute le plus profond consacré à la France, *L'Ancien Régime et la Révolution*, Tocqueville nous décrivait déjà comme « la plus brillante et la plus dangereuse des Nations de l'Europe ». C'était en 1856. Cela reste toujours vrai en 2016.

1

L'inconstance

En politique, la plus grande permanence française, c'est l'inconstance. Elle s'est vérifiée tout au long de notre histoire. Elle s'est déployée sous l'Ancien Régime, elle s'est accélérée depuis la Révolution, elle s'est imposée après la Première Guerre mondiale, elle s'est enracinée sous la Ve République qui avait pourtant été conçue et organisée afin de la combattre. La versatilité semble ancrée dans les gènes politiques des hexagonaux, comme une passion immuable du changement, comme une religion de l'instabilité.

Sous la monarchie, cela relève du paradoxe, cela paraît même contre nature. Après tout, depuis le xe siècle jusqu'au 10 août 1792, la dynastie des Capétiens, puis leurs cadets Valois et enfin leurs collatéraux Bourbons n'a cessé d'occuper le trône, cas absolument unique en Europe. La continuité de la lignée impressionne, même si elle fut traversée de querelles, déchirée par des rivalités familiales, menacée de l'extérieur et visée par de multiples conjurations. Il n'empêche : en France, la royauté fut synonyme de continuité, d'autant plus qu'elle inventa et expérimenta cette spécialité que les autres pays du Vieux Continent n'adoptèrent que bien plus tard et souvent partiellement, l'État-nation, ce moule de tout un peuple avec son administration précoce, son armée de métier, sa législation prolifique, ses institutions judiciaires, sa langue officielle et son culte quasi religieux du monarque. Tout aurait donc dû contribuer à la stabilité.

L'Histoire n'est cependant jamais harmonieuse et malgré la continuité dynastique, celle de la France fut particulièrement tumultueuse et contradictoire, balafrée de guerres perpétuelles, tour à tour conquérante et envahie, victorieuse et défaite, resplendissant de prouesses et défigurée par les trahisons ou accablée par les renoncements. Notre pays est le carrefour géographique de l'Europe et les rois qui se succédèrent ne se contentaient pas de vouloir faire la France, ils aspiraient aussi à établir une aventureuse primauté sur tous leurs voisins. Ces huit siècles virent donc le pays énergiquement rassemblé pour être aussitôt divisé, engagé dans de glorieuses, lointaines et sanglantes croisades mais bientôt assailli sur son propre territoire, menacé de démembrement.

À peine les blessures de la guerre de Cent Ans cicatrisaient-elles que l'horreur des guerres de Religion surgissait. L'autorité royale, contestée par les huguenots, défiée par la Ligue puis assaillie par la Fronde versa alors dans l'absolutisme avant de s'affaisser lentement. Par-delà l'empreinte unificatrice de la monarchie, combien de batailles, de dévastations, de famines, d'épidémies, de jacqueries, de révoltes, de soulèvements ont déchiré le pays et accablé le peuple !

L'Ancien Régime a construit une histoire française prestigieuse mais pas une histoire française heureuse. L'ambition de la dynastie a produit autant de cauchemars que de rêves. Derrière l'édification inlassable de l'État-nation royal, que de déchirements, de divisions, de périls et d'épreuves. La monarchie a fait la France mais elle n'a pas enraciné la stabilité. Le peuple a aimé, voire adulé le monarque, il l'a parfois maudit, défié ou rejeté. Saint Louis a ruiné la France et saigné la noblesse. Henri IV a imposé la paix et expérimenté la tolérance mais par le fer et par la ruse. Louis XIV a porté la France plus haut qu'aucun autre roi et hissé son prestige personnel comme personne mais au prix de la guerre, de l'absolutisme et de l'appauvrissement. Après lui, le déclin a rongé le pouvoir et détruit la confiance. Le peuple s'est éloigné du souverain.

Si l'on peut débattre de la part que les Français eux-mêmes ont prise aux apogées, aux traverses et aux abîmes de la monarchie – quelle était leur connaissance réelle des événements au-delà de leurs provinces ? quelles étaient les variations de leurs sentiments ? quelle fut leur influence sur le destin du royaume ? –, il va de soi qu'ils subissaient et ressentaient violemment les cycles de succès, de prouesses, de revers, de prospérité relative ou de désastres et de malheurs. Bénéficiaires ou victimes plus qu'acteurs. Néanmoins, s'ils révéraient généralement le roi et l'Église catholique, le trône et l'autel, ils traversaient aussi des phases de liesse ou de rébellion, d'espérance ou d'émeute, de cohésion ou de déchirements. Généralement loyaux, malgré cela inconstants. Telle était d'ailleurs, à travers textes et témoignages, leur réputation dans le reste de l'Europe. Les Français y passaient pour hardis et légers, pour valeureux et insatisfaits, pour ambitieux et critiques, pour vaniteux et décourageables. Inconstants.

À partir de la Révolution, c'est une tout autre histoire. Cette fois, le peuple compte, pèse, s'exprime, conteste, se rebelle, se soulève, s'enthousiasme, s'engage, applaudit, proteste, conteste, rejette. Il n'est pas le seul maître, il y a le pouvoir, les pouvoirs, l'armée, l'Église, l'argent, les privilégiés de la naissance, de la culture ou de la fortune, le poids de l'Histoire et de la mémoire, celui des préjugés, des sentiments ou des passions, l'expérience transmise, les conformismes, les contestations. Le peuple a pourtant désormais toujours son mot à dire et il le dit, plutôt dix fois qu'une. Il devient à son tour le souverain, même s'il ne détient pas l'autorité. Toute l'histoire politique depuis deux cent vingt-sept ans (1789-2016) porte constamment sa marque. Or c'est une marque hautement fluctuante, flottante, changeante. Versatile.

En quelque deux siècles, la France a donc produit et consommé quinze Constitutions et donc quinze régimes, plus qu'aucun autre pays au monde. C'est un record mais pas une prouesse, plutôt une pathologie politique congénitale, la preuve d'une instabilité permanente et harassante, la démonstration d'un mécontentement endémique. Machiavel a écrit : « L'homme n'est pas un être de raison et d'harmonie mais de désirs et d'insatisfaction. » On jurerait un portrait des Français. Ceux-ci ont choisi, subi ou renversé tour à tour depuis 1789 trois monarchies (l'éphémère royaume constitutionnel de Louis XVI et les deux restaurations), deux Empires (Napoléon Ier et Napoléon III), cinq républiques, plus l'État français de Vichy. Encore la Ire République connut-elle deux Constitutions avant de s'abandonner au Consulat, lequel connut lui-même deux formes (trois consuls avec un mandat renouvelable de dix ans, puis le consulat à vie) avant de s'effacer devant l'Empire. Napoléon a remarqué : « Il est dans le caractère français d'exagérer, de se plaindre et de tout défigurer dès qu'on est mécontent. » Si l'on en juge par le nombre de Constitutions consommées, les Français sont d'ordinaire mécontents.

Ils le sont plus particulièrement durant certaines périodes où les passions se déchaînent et où l'instabilité politique devient extrême. C'est bien connu pour la Révolution qui passa par toutes les couleurs pour finalement, épuisée, défigurée et enlisée sous le Directoire, succomber devant le sabre du général Bonaparte. Ce l'est aussi pour le crépuscule héroïque de l'Empire harassé, la Restauration balayée comme fétu de paille par les Cent-Jours, puis derechef le retour de Louis XVIII dans les bagages des armées coalisées des monarques européens : en un an, deux abdications de l'Empereur, un roi installé par deux fois sur le trône. Ce n'est plus de l'alternance, c'est un tourbillon institutionnel. Si les armées décident de son sort, pour les opportunistes c'est un cauchemar, pour les âmes sincères un déchirement, pour le peuple, ballotté entre la nostalgie de l'épopée et l'épuisement de l'héroïsme, des tempêtes indéchiffrables.

Si, en 1830, les Trois Glorieuses assurent de façon romanesque une transition presque logique vers la monarchie modérée de Louis-Philippe, de 1848 à 1851 on entre de nouveau dans une phase de violente effervescence et d'indécision redoutable. La nouvelle révolution croit instaurer une république sociale pour révéler promptement une république bourgeoise puis succomber dans le sang devant un prince-président impatient de devenir Napoléon III. Cette fois-ci, on est passé en trois ans d'une monarchie constitutionnelle à une république éphémère puis à l'Empire autoritaire. Toute l'Europe a suivi et parfois partagé ce nouvel accès de « fièvre hexagonale », pour reprendre la formule de l'historien Michel Winock.

Vingt ans après ou presque, et Napoléon III abattu par Bismarck, derechef cinq ans de tragique inconstance. La république est proclamée, la guerre se poursuit, la France se déchire. Les républicains veulent poursuivre le combat, les bonapartistes portent le deuil, les monarchistes, en force, méditent une nouvelle restauration. L'armistice s'impose. Une Assemblée nationale est élue dans une

France à moitié occupée. La droite domine, elle veut et choisit la paix.

La Commune de Paris constitue alors l'épisode le plus sanglant et le plus brutal de toutes nos guerres civiles, avec plus de trente mille morts en quelques semaines, quarante mille arrestations, dix mille déportations. L'armée a massacré la révolte, les monarchistes sont en majorité. Thiers a triomphé des communards à coups de canon et de baïonnettes. Il a été nommé « chef du pouvoir exécutif de la République française » mais il n'y a pas de Constitution. Il n'y en aura d'ailleurs jamais à proprement parler. La IIIe République vivra avec de simples lois constitutionnelles adoptées en 1875. Le plus long régime que la France ait connu depuis 1789 se passera ainsi de textes solennels.

Entre-temps, durant quatre années folles, les monarchistes dominants se débarrassent de Thiers, coupable de considérer que la république « est le régime qui divise le moins les Français », s'inquiètent d'un accès de bonapartisme dans l'opinion, se déchirent entre légitimistes partisans du comte de Chambord et orléanistes se réclamant du comte de Paris. L'Empire, né du souvenir de la gloire militaire de Napoléon Ier, a été balayé par la déroute de Napoléon III à Sedan. Les républicains conservateurs ont décimé les républicains révolutionnaires. Les monarchistes, touchant au but d'une nouvelle restauration, ont gâché leurs chances à force de batailles symboliques entre les deux branches de la dynastie. La république revenue en catimini s'installe par ruse et s'impose par prudence. Le maréchal de Mac-Mahon, monarchiste choisi comme président de la République et qui se croit naïvement le vrai chef de l'Exécutif, doit à son tour démissionner. Nouvel apogée de l'inconstance.

Une dizaine d'années plus tard seulement, rechute avec le boulangisme. La IIIe République s'enracine à peine qu'éclate le scandale des décorations distribuées contre argent sonnant et trébuchant par Wilson, le gendre du président de la République Jules Grévy, lequel est bientôt contraint de se retirer. Le scandale est énorme et l'antiparlementarisme se répand aussitôt. Il bénéficie au général Boulanger, superbe cavalier, habile et démagogue, alors ministre de la Guerre. Soutenu au départ par la gauche (Clemenceau), puis par une fraction des bonapartistes et des monarchistes, il devient follement populaire. On l'élit député dans plusieurs circonscriptions (c'était alors autorisé), on le pousse vers le pouvoir, on frôle le coup d'État. Sa légèreté fait tout rater mais déjà le régime a tremblé et a cru s'affaisser. L'affaire de Panama, le plus gros scandale financier de toute la IIIe République, compromettant des dizaines de députés désignés par le sobriquet de « chéquards », lui succède presque aussitôt. Les espoirs d'une restauration monarchique ou impériale se sont évanouis mais la République fait bien pâle figure.

Bientôt, l'affaire Dreyfus va déchirer la France en deux, déclencher une furieuse croisade antisémite, flétrir l'état-major, bouleverser l'armée, entacher plusieurs gouvernements, impliquer le palais de l'Élysée, embraser les ligues nationalistes, jeter la suspicion sur la justice et souiller l'image de la France. À peine justice est-elle faite, enfin, qu'éclate la furieuse controverse sur la laïcité (loi de 1905). Cette fois, c'est la République contre l'Église catholique, le Régime contre le Vatican, des divisions à gauche, des divisions à droite, de la fureur partout malgré un texte qui se veut d'équilibre. La presse s'enflamme de nouveau, des consciences se révoltent, les expulsions des églises, des monastères ou des congrégations d'enseignement catholique scandalisent. La République n'est pas en péril mais les passions se déchaînent de nouveau. À la veille de la Première Guerre mondiale, la France ressemble à une terre d'invectives et de déchirements. La « Belle Époque » n'est pas si belle que cela. Les conflits sociaux sont violents, les conflits idéologiques tumultueux. Le politologue américain Stanley Hoffmann définit la IIIe République comme « l'aboutissement d'une synthèse républicaine ». Disons alors que cette synthèse est particulièrement erratique.

Miracle : après tant de vacillements et de soubresauts, dès que la guerre est déclarée en 1914, que sonne l'heure d'une revanche dont on n'imagine pas alors qu'il faudra cinq terribles années pour qu'elle soit réellement accomplie, l'Union sacrée s'impose. S'il y aura quelques flottements, des changements nécessaires à la tête du gouvernement, le sentiment national l'emporte impérieusement sur les hésitations, les interrogations ou les découragements. Fait rarissime, peut-être unique à ce point sous la République, la constance et la détermination ne fléchissent pas. La figure de Clemenceau incarne cette exception française.

Mais justement, à peine l'encre du traité de Versailles est-elle sèche que la France retombe comme inexorablement dans son redoutable travers. Clemenceau souhaitait et méritait mille fois d'être élu président de la République mais c'est Paul Deschanel, un homme talentueux mais malheureusement malade mental, qui succède à Raymond Poincaré. Au bout de sept mois, après de pitoyables épisodes, il doit démissionner. C'est un symbole de l'inconstance aussitôt retrouvée. Des grèves très dures et mêmes violentes se succèdent. L'historienne Annie Kriegel parlera de « Verdun social ». La IIIe République entre de nouveau dans une phase de grande instabilité. Entre juin 1924 et juillet 1926, à peine deux ans, sept gouvernements tombent. Entre 1932 et 1934, en vingt mois, cinq ministères défilent. La machine politique se dérègle et devient folle devant des Français goguenards puis exaspérés. Cela explique en partie les graves événements du 6 février 1934. La ténébreuse affaire Stavisky a relancé les accusations de corruption et l'antiparlementarisme. Les Ligues, ce prurit français, se multiplient et gagnent en influence. Une manifestation place de la Concorde tourne mal. On déplore quinze morts. Le gouvernement tombe et la République tremble.

Elle s'effondre avec la déroute militaire de juin 1940. La plus affreuse épreuve qu'ait connue la France depuis 1815 commence et va durer cinq ans. C'est, sous l'autorité du sénile maréchal Pétain, l'État français qui règne, cependant que l'occupant impose ses conditions. Cette fois, l'instabilité s'inscrit dans la tragédie. La France est coupée en deux par la ligne de démarcation, mais elle se fragmente bien plus encore entre vichystes, collaborateurs, gaullistes, giraudistes, résistants de toutes obédiences, opportunistes et attentistes. Le peuple tout entier est victime de « l'étrange défaite », pour reprendre le titre de l'incomparable livre de Marc Bloch sur cette époque maudite. Les prisonniers, les fusillés, les déportés le sont bien plus encore. Chacun vit alors douloureusement dans l'ignorance du lendemain, dans l'attente des événements, dénuement, répression, bombardements, exactions, libération. Tout au long de ce quinquennat, l'opinion majoritaire a tour à tour été maréchaliste, attentiste et germanophobe, résistante et gaulliste, opprimée puis libérée, découragée, anxieuse, incertaine mais espérant, enfin soulagée et enthousiaste.

Elle ne va assurément pas retrouver la constance avec la IVe République. À peine les nouvelles institutions adoptées, non sans mal, le départ altier du général de Gaulle dès janvier 1946 ouvre une période de troubles et d'incertitudes. La guerre froide s'installe, la guerre d'Indochine commence. Les grèves communistes de 1947 prennent un tour quasi insurrectionnel. Il faut que le gouvernement utilise la force. À peine en place, le régime est menacé par le PC sur une aile, par le révisionnisme institutionnel gaulliste sur l'autre. Les Français oscillent comme rarement, donnant successivement l'avantage électoral au Parti communiste français, puis aux démocrates-chrétiens, puis aux gaullistes, tout cela à quelques mois d'intervalle.

Dix ans plus tard, nouvelle séquence de troubles. La gauche modérée a gagné les élections de janvier 1956 avec le Front républicain incarné par Pierre Mendès France (c'est néanmoins le triste Guy Mollet qui prend la tête du gouvernement), mais la guerre d'Algérie, les divisions à propos de l'Europe naissante et l'éternel dérèglement du système parlementaire ouvrent une ère d'inquiétude et de balancements incessants de l'opinion, encore en bonne partie acquise à l'Algérie française, intéressée mais divisée à propos de l'Europe, rebelle du côté communiste, apaisée par l'amélioration du niveau de vie, irritée par le régime (les poujadistes), interloquée puis enthousiasmée par le retour fracassant dans des conditions contestées d'un général de Gaulle impérial.

Avec l'instauration de la Ve République, bâtie pour maîtriser l'instabilité et pour garantir l'autorité de l'Exécutif, c'est une authentique thérapeutique contre l'inconstance, méditée durant de longues années de solitude et d'attente à Colombey-les-Deux-Églises, qui se met en place. Elle produit ses effets. L'autorité de l'État est restaurée, l'économie est revigorée, la France est réformée au pas de gymnastique, la marche inéluctable de l'Algérie vers l'indépendance est organisée dans le sang et les larmes (avec au passage le plus théâtral mensonge d'État du XXe siècle français, le fameux « Je vous ai compris » lancé aux pieds-noirs d'Alger), la décolonisation est menée à son terme. La chirurgie gaullienne a réussi.

Même le Général ne guérit pas les écrouelles. Mai 68 concentre toutes les contradictions françaises qui rendent si versatile l'humeur de ce peuple « magnifique et insupportable », d'après Friedrich Sieburg, l'auteur du célèbre *Dieu est-il Français ?* La France s'est rarement aussi bien portée qu'en cette année 1968. Sa croissance fait rêver aujourd'hui, le pouvoir d'achat s'améliore, l'université s'ouvre avec une imprudente générosité, l'industrie progresse, le prestige gaullien vaut au pays une place flatteuse sur la scène internationale.

Et voici que, tout à coup, la France s'embrase. Les étudiants se révoltent contre à peu près toutes les formes d'autorité, avec une violente allégresse et une prodigieuse inventivité. Les syndicats ouvriers se mobilisent à leur tour. La grève générale s'étend comme jamais depuis 1947 autour de revendications sociales impétueuses et démesurées. Plus impressionnant encore, l'Administration s'arrête, l'État s'enfuit littéralement, les bureaux se vident, des ministres disparaissent, l'Assemblée nationale se convulse dans un étrange psychodrame. Personne ne comprend ce qui se passe, la télévision est débordée, des scènes d'émeutes se déroulent dans les rues de la capitale, les leaders syndicaux sont débordés par leur base mais, à vrai dire, tout le monde est débordé.

C'est l'heure de gloire des intellectuels qui, entre deux happenings au théâtre de l'Odéon ou à la Sorbonne, échafaudent les thèses les plus contradictoires et souvent les plus burlesques. Durant quelques semaines, la France, toujours imprévisible, donne le sentiment d'être littéralement sortie de son lit. Toute la presse internationale dissèque et dramatise cette « Révolution introuvable », pour reprendre le titre du livre que lui consacrera sans tarder Raymond Aron.

Certes, le mouvement de Mai 68 a des correspondances et des cousinages dans de nombreux autres pays, mais nulle part ailleurs il n'atteint ni même n'approche les proportions françaises. Le gaullisme embourgeoisé du puissant Premier ministre Georges Pompidou ne laissait présager en rien cette éruption culturelle et cette rébellion sociale. La gauche est débordée comme la droite. Durant ces heures intenses, inclassables, parfois surréalistes mais qui laisseront une forte empreinte, toujours sensible un demi-siècle plus tard, la France s'est précipitée vers une direction inconnue, sans doute parce que imaginaire.

Symbole des symboles, le général de Gaulle lui-même a d'abord semblé pris de court, décontenancé, incrédule, sans prise sur l'événement. Il est intervenu à la télévision, il a proposé un référendum, cela n'a rien changé. Soudain, il n'y avait plus de pouvoir suprême, plus de charisme présidentiel, plus de majesté gaullienne. Il a fallu le sang-froid et la fermeté de Georges Pompidou, puis l'improvisation géniale ou involontaire de la disparition du chef de l'État en hélicoptère pour renverser brusquement la situation. Le président de la République introuvable, aussitôt toute l'attention se focalise sur lui.

Que veut-il, que va-t-il faire ? Partir, revenir, démissionner ? Dissoudre l'Assemblée nationale ! Il l'annonce sur les seules radios, comme durant la guerre, et tout s'inverse aussitôt. Manifestation monstre sur les Champs-Élysées du peuple gaulliste ou conservateur, majorité massive, irrésistible, sortant des urnes aux élections législatives un mois plus tard. La révolution introuvable est morte. Le Général a gagné et pourtant tout a changé.

L'exercice de l'autorité ne sera jamais plus le même après Mai 68, quelle que soit l'institution concernée. La jeunesse s'est émancipée, le statut des femmes s'est amélioré, les conquêtes sociales sont actées, la société tout entière, déboussolée, a pivoté de vingt degrés. Les conséquences économiques de Mai 68 seront lourdement négatives, comme prévu, les conséquences sociétales seront indélébiles, les conséquences politiques seront décisives puisque, moins d'une année plus tard, le général de Gaulle, ayant perdu le référendum sur la réforme du Sénat et de l'organisation régionale, remet sur-le-champ sa démission.

Charles de Gaulle a toujours su partir comme personne… Même si on a confondu les aspirations culturelles des étudiants et les aspirations matérielles des ouvriers, même si les juvéniles affrontements parisiens ont abusivement éclipsé les prudentes réticences provinciales, une page de l'histoire de France vient de se tourner. On bascule dans l'après-gaullisme. En deux mois, les Français ont cru voir la Révolution, ont pu mesurer le vide et ont viré vers la réaction. Immuables dans l'inconstance, en 1969 comme en 1815, 1830, 1848 ou 1871.

Ils le démontrent de façon quasi institutionnelle à partir de 1978. La crise économique et sociale s'est enracinée, la transition post-gaullienne s'achève. Les élections législatives de 1978 sont les dernières à être gagnées par la majorité sortante. De 1981 à 2012, toutes les élections présidentielles ou législatives, à l'unique exception de 2007 (Nicolas Sarkozy ayant alors réussi la plus belle campagne de la Ve République), s'achèvent par la défaite ou la déroute des sortants.

En 1981, c'est « la grande alternance », en 1986, la première cohabitation, en 1988 la revanche de François Mitterrand, en 1993 la déroute des socialistes, en 1995 le triomphe de Jacques Chirac, en 1997 le succès de Lionel Jospin, en 2002 le rétablissement de Jacques Chirac, en 2012 le couronnement de François Hollande. Les Français sanctionnent donc systématiquement les sortants, présidents ou députés de la majorité. Ils sont en Europe les seuls à se comporter ainsi, depuis trente-huit ans. La profondeur et la persistance de la crise ne sauraient être la seule explication, puisqu'elle frappe aussi dur et souvent plus brutalement les autres pays européens, sans que l'instabilité s'y installe de façon permanente.

Ici, un pouvoir en place est un pouvoir condamné à être battu, quels que soient ses mérites ou ses défauts, quels que soient ses résultats (en 2002, le bilan de Lionel Jospin constituait une éclaircie dans la crise), quelles que soient les circonstances. Une fois de plus, la France se singularise, une fois de plus, son inconstance dans le champ politique impressionne. Même les institutions vigoureuses de la Vᵉ République, les seules en plus de deux siècles à avoir été conçues pour instaurer une stabilité démocratique, n'y ont rien changé. La France telle qu'en elle-même poursuit la ronde perverse de l'inconstance.

D'ailleurs, ce qui vaut pour les régimes politiques – quinze Constitutions, quinze crises –, ce qui s'applique à toute majorité sortante depuis 1978, ce qui entretient l'instabilité gouvernementale depuis l'instauration même de la démocratie (la IIIᵉ République), tout cela joue également à l'égard des hommes et des idées.

Les Français adulent les hommes providentiels… avant de les mettre en pièces et de les croquer tout crus. Ils aiment le style de l'autorité héroïque mais cela ne les dissuade en rien de balayer ceux qui l'ont incarnée. Ils ont porté aux nues Danton avant de le guillotiner, ils ont admiré Robespierre avant de lui couper la tête. Ils ont été éblouis, enivrés par la gloire de Napoléon, et ils lui sont, dans leur majorité, restés fidèles malgré les saignées et la ruine dont il porte la responsabilité. À peine était-il déchu qu'ils le regrettaient déjà. Le culte de l'Empereur a traversé le XIXe siècle, et son image brille encore aujourd'hui. C'est bien le seul qui puisse revendiquer des sentiments aussi ancrés.

Car pour les autres, rien de tel. Louis-Philippe a été populaire, à juste titre, avant d'être rejeté. Lamartine fut, on l'a oublié, l'homme le plus admiré en 1848 avant d'être repoussé quelques mois plus tard. Napoléon III a eu son heure de gloire avant d'être ostracisé. Thiers a été accueilli en sauveur, haï après la Commune. Il a néanmoins suscité de la gratitude lorsqu'il est parvenu à rembourser l'énorme indemnité de guerre imposée par Bismarck, non seulement dans les délais mais avant terme, mettant ainsi fin à l'occupation prussienne.

Gambetta ? Jules Ferry ? Un jour portés au pinacle, le lendemain violemment attaqués. Et pourtant, ils ne manquaient ni de mérite ni d'états de service. Boulanger ? Un météore irrésistible, enthousiasmant, décevant, lamentable, ridicule. Poincaré ? Respecté, critiqué, déprisé, rappelé. Clemenceau ? Détesté, dérangeant, battu, victorieux, triomphant, écarté. Doumergue, sauveur de la République en février 1934, renvoyé à sa retraite méridionale en novembre. Le colonel de La Rocque, l'homme de droite le plus populaire en 1938, l'officier le plus décoré de France, dans les oubliettes de l'Histoire en 1945 malgré sa conduite honorable sous l'État français.

Et que dire du maréchal Pétain et de Charles de Gaulle ? En 1918, le vainqueur de Verdun, présumé humain, est le plus populaire des maréchaux victorieux. En 1940, silhouette toujours droite et sèche, visage imposant, il a l'apparence du sauveur suprême. En avril 1944, il est encore ovationné par une foule considérable lors d'une visite à Paris. En 1945, il est condamné à mort par la Haute Cour (peine commuée en détention à perpétuité) et donc à l'indignité nationale. Le général de

Gaulle, son ancien collaborateur, un temps son protégé puis son contradicteur en matière de stratégie, enfin son adversaire, son rival, son ennemi juré voulait pour lui un traitement humain. Malgré tout ce qui les avait opposés durant cinq ans, le Général y tenait au nom de la dignité de la France. De fait, l'exécution d'un vieillard silencieux et figé dans sa vareuse aux sept étoiles aurait produit un effet détestable. Si le maréchal Pétain avait été exécuté, c'eût été reconnaître la trahison de la France et ne plus jamais pouvoir oublier les illusions et les variations des Français.

Quant au Général lui-même, aujourd'hui icône nationale révérée même par ceux qui furent ses assaillants permanents (communistes, extrême droite) ou ses adversaires résolus (socialistes, centristes), il ne faut pas croire qu'il ait toujours bénéficié de la fidélité des Français. Certes, en 1944 sa popularité le sculpte en héros victorieux, libérateur de la patrie, rédempteur de la France, mais à peine a-t-il quitté le pouvoir et fondé le RPF (Rassemblement du peuple français) qu'il est attaqué frontalement, suspecté de menées antidémocratiques, banalisé en chef de parti menaçant la République. Pire : durant le début des années 50, lorsqu'il abandonne l'arène politique, il est tout bonnement oublié, ignoré. Malgré l'immense succès de ses *Mémoires de guerre*, il n'y a plus, à la veille de son retour au pouvoir, que 5 % des Français pour croire à son destin.

S'il surplombe l'opinion de tout son prestige reconquis et de toute son autorité restaurée durant son premier septennat, François Mitterrand réussit à rassembler contre lui 45 % des voix en décembre 1965. Il ne règne plus au-dessus de la mêlée et vit d'ailleurs ce score comme un affront. Trois ans plus tard, en Mai 68, les étudiants défilent en scandant de toutes leurs forces « Dix ans ça suffit » ou « Adieu de Gaulle ». Un an après, le voici revenu, amer et mutique, dans son austère propriété de La Boisserie, face à un paysage aussi désolé que lui. Revanche posthume : à peine est-il mort que la France tout entière arbore le grand deuil et célèbre sa mémoire. Il a été admiré comme personne, il n'a pas toujours été populaire.

Quant à ses successeurs, Georges Pompidou, six ans Premier ministre – excellent – et cinq ans Président – courageux –, est injustement tombé dans l'oubli. Après lui, les Français ont en quelque sorte découronné leurs présidents. Plus aucun n'a pu se targuer d'une popularité constante. Valéry Giscard d'Estaing est resté populaire six ans sur sept, mais la septième année les électeurs l'ont rejeté. Malgré un bilan plus qu'honorable, il n'a jamais réellement retrouvé le cœur des Français. François Mitterrand aura été le seul président de toutes les Républiques françaises à accomplir intégralement deux septennats. Sa popularité n'en a pas moins affronté toutes les humeurs possibles : contesté dans l'opposition, acclamé en 1981, il est sifflé en 1983 par la gauche, en 1984 par la droite. Il sera réélu à force d'habileté et d'opiniâtreté mais sans jamais retrouver l'adhésion profonde des électeurs. La fin de son second mandat est un cauchemar dont il n'émerge qu'au moment de son agonie. À sa mort, on le pleure. Une fois disparu, il retrouve l'affection perdue mais ne redevient populaire qu'à titre posthume.

Après lui, les Français n'aiment plus leurs présidents. Le candidat inspire de l'espérance, le chef de l'État déçoit, décourage, importune même. On a aimé Jacques Chirac mais par intermittence, jamais longtemps, jamais complètement. Lui aussi n'a réellement reconquis les Français que malade, affaibli, retiré. Cruelle décidément, instable manifestement, incrédule assurément, l'opinion des Français varie à une vitesse météorique, mais le plus souvent vers le bas. En 2002, Jacques Chirac est réélu par défaut, sans la moindre ferveur. En 2007, Nicolas Sarkozy, qui divise et même déchire, arrache néanmoins à force d'énergie et de charisme une popularité guerrière. À peine est-il élu qu'elle se décompose et s'envole. Son style déplaît, ses résultats déçoivent. Les citoyens se comportent dorénavant en consommateurs, mécontents des produits présidentiels, prêts à les sanctionner.

François Hollande subit à son tour ce désamour quasi fonctionnel. Cette fois, pas de rejet personnel mais un immense scepticisme, vite assorti d'amertume, de colère et, pire, de découragement. Face au désarroi français, les institutions de la Vᵉ République n'ont pas pu ressusciter durablement la confiance. Après le Général et Georges Pompidou, l'inconstance s'est réinstallée, persistante et menaçante comme une maladie politique génétique. Quel qu'il soit, le monarque républicain n'a plus le privilège de l'adhésion. L'instabilité des esprits fabrique la versatilité des citoyens.

Cette marque française se retrouve naturellement à propos des idées et des dossiers comme à propos des hommes. Les Français ont été tour à tour monarchistes, révolutionnaires, bonapartistes, républicains. Ils ont été profondément catholiques avant de devenir de plus en plus indifférents, de moins en moins pratiquants, encore vaguement croyants dans leur majorité par confort ou par tradition mais enfreignant sans remords toutes les lois de l'Église et ignorant ses appels, qu'il s'agisse de la lutte contre le matérialisme, de l'accueil des immigrés ou bien souvent des mœurs. La France, fille aînée de l'Église, selon la formule consacrée, est devenue la nation la plus déchristianisée d'Europe.

Elle s'est aussi longtemps caractérisée par le respect de l'État, produit français par excellence, avec sa centralisation, son administration et sa bureaucratie. Aujourd'hui, toutes les formes d'autorité sont contestées ouvertement. Le prêtre et l'instituteur ne sont plus les principaux personnages du village. Le médecin et le réparateur de télévision ou l'installateur d'Internet ont pris leur succession. Le citoyen s'est métamorphosé en consommateur compulsif et frustré. Il vivait au rythme des siècles de traditions, il vibre chaque saison devant les dernières innovations technologiques. Après le catéchisme, la dictée et la récitation, le smartphone de première, deuxième, troisième, quatrième, cinquième et bientôt sixième génération. Là où le lien social s'enracinait longuement, l'individualisme s'impose. Les Français ne sont plus les mêmes.

Ils adoraient la politique, ils la détestent et la méprisent. L'abstention gagne inexorablement, comme une falaise rongée par les intempéries. L'extrémisme progresse au galop. Toutes les croyances vacillent. Les Français ont cru aux monarques, royaux, impériaux ou républicains. Les voici désormais athées en politique. Ils faisaient de l'État leur bouclier rassurant, ils le regardent comme un défenseur incertain et vétuste. Ils aimaient les services publics, ils se plaignent amèrement des transports, ils critiquent l'école publique. Ils déplorent la disparition de certains services ou le regroupement de telle ou telle implantation – hôpital, poste, commissariat –, mais ils pestent contre le fonctionnement de l'Administration. Ils exigent une médecine de qualité et un système hospitalier performant mais ils protestent contre les cotisations sociales qui les financent. Ils sont accablés d'impôts et de taxes, mais ils demandent toujours plus de services publics. Ils se déclarent d'ailleurs désormais convaincus qu'il faut moins de fonctionnaires mais plus de policiers, d'enseignants ou d'infirmières. Les Français sont bien connus pour être mécontents, les voici aujourd'hui agressifs et indignés. S'ils sont si inconstants, c'est aussi qu'ils sont de plus en plus insatisfaits.

Pourtant, s'ils aiment avant tout la nouveauté, ils ne répugnent pas toujours aux changements. César disait déjà des Gaulois qu'ils sont « avides de choses nouvelles », et un ambassadeur de Venise à la cour des Valois précisait : « Pour les Français, le changement est un Dieu. » Les Français ont aimé leur Empire, ils ont longtemps soutenu les guerres coloniales. Dans leur majorité, ils ont cru et voulu la victoire en Indochine. Diên Biên Phu fut un déchirement, et puis ils ont enterré promptement leur rêve. Ils ont considéré comme allant de soi que l'Algérie était française avant de tourner casaque au rythme du Général. Ils furent grands nationalisateurs à la Libération, puis en 1981. Les entreprises publiques leur paraissaient si solides et si rassurantes... Jusqu'au jour où, au milieu des années 80, ils ont découvert sans tambour ni trompette les vertus des privatisations.

Ils furent de grands jacobins, veillant qu'à ce que partout les mêmes règles s'appliquent et que l'État soit obéi, avant de se convertir à la décentralisation et à la régionalisation. Ils ont aimé l'Europe tant qu'elle paraissait être un instrument de prospérité et d'influence. Ils l'ont beaucoup moins appréciée depuis que les crises se sont succédé. Comme l'État, l'Europe est vécue en protectrice inefficace, donc coupable, même si ce verdict est hautement contestable.

Les Français ont des convictions successives, sur un rythme qui dépasse celui des autres peuples, tant vis-à-vis des hommes que des sujets. Ils ont aussi de fortes qualités – une productivité élevée, un esprit de critique et d'indépendance hautement démocratique, une capacité d'enthousiasme ou de refus, de mobilisation aussi dont ils ont donné dix fois la preuve ; par-dessus tout, ils possèdent un sentiment national puissant, fruit de dix siècles, et qui domine querelles et rivalités. Tout comme un goût des idées prononcé, une aptitude au rebond et même à l'innovation. Ce n'est pas un hasard si la France compte plus de grandes entreprises qu'aucun autre pays européen, si les start-up y poussent vite et nombreuses. Ingénieurs, chercheurs, managers et même administrateurs de valeur ne manquent pas. La France possède bien plus d'atouts que ne le prétendent les déclinistes à la triste figure. Mais ils souffrent d'inconstance.

Pourquoi ? Le caractère national, le tempérament y sont évidemment pour beaucoup. Chaque peuple, chaque nation a ses spécificités, ses traditions, sa culture, sa mémoire, ses façons d'être et de se comporter. La France a un goût de l'État et même de la pompe républicaine que n'ont pas les autres. Elle a une conception bien particulière, très spécifique de la laïcité. Elle aime les petites entreprises, les petites gens, les petites communes, les petites routes, les petites maisons, les petites voitures, les petites boutiques, les petits restaurants. Elle souffre du gigantisme urbain, des hôpitaux immenses, du nœud monstrueux des autoroutes. Elle déteste les grosses fortunes, les tours de cinquante étages, les universités-villes. Elle adore la nouveauté, elle ne se lasse pas du changement, mais paradoxalement, elle craint le monde moderne. D'où aussi ses accès de spleen et ses sautes d'humeur. Elle veut que tout change mais elle ne supporte pas d'être bousculée.

Or, depuis un demi-siècle, son environnement ne cesse d'être bouleversé et elle n'y peut rien. La mondialisation l'envahit. Elle voudrait la freiner et elle ne le peut pas. Il lui faut donc subir en pestant les importations à bas coût qui étranglent les productions locales, la concurrence effrénée avec des sociétés beaucoup plus déshéritées qu'elle qui pèse sur les salaires et transforme les prestations sociales en handicaps paradoxaux. Il lui faut fléchir en grommelant devant des puissances financières lointaines, des fonds d'investissement, l'œil rivé sur les rentabilités comparatives, les marchés internationaux qui imposent leurs règles. Tout le monde subit cette révolution. Certains pays s'en accommodent, d'autres en bénéficient. La France se sent personnellement agressée. Alors elle se rebiffe, elle se cabre et elle fait payer aux responsables politiques le prix de son anxiété et de ses blessures sociales.

Car la mondialisation s'accompagne de crises incessantes qui se succèdent comme autant de marées violentes, tantôt financières, tantôt monétaires, tantôt énergétiques, tantôt militaires. Là encore, la France n'est ni plus visée ni plus touchée que les autres mais elle le vit plus mal car son système social et ses traditions politiques lui ont inoculé le sentiment d'avoir droit à des protections que nos voisins ne possèdent pas. Autre facteur majeur d'instabilité, cela va de soi. Beaucoup des crises qui ont marqué les deux derniers siècles avaient d'ailleurs des ressorts économiques : disettes, famines, intempéries, dévastations des guerres, épidémies massives se soldant par des accès de fièvre politique. La contagion des idées neuves a souvent moins pesé que ces dérèglements entraînant des tragédies sociales.

La politique, les dirigeants politiques portent cependant eux aussi, et finalement eux d'abord, puisqu'ils exercent le pouvoir, leur lourde charge de responsabilités. Si les dérèglements économiques, si les épreuves sociales, si les flux migratoires, si la puissance irrésistible de la mondialisation se conjuguent pour provoquer la crise française d'identité d'aujourd'hui, comme elles provoquèrent sous d'autres formes, sous la pression d'autres facteurs tant de crises antérieures depuis la Révolution, c'est que les dirigeants du pays n'ont pas su dégager les solutions nécessaires. Or celles-ci ne sont pas introuvables, puisque de nombreux pays voisins exposés aux mêmes tempêtes que nous ont su imaginer des parades et réussir des adaptations.

Encore fallait-il pour y parvenir deux conditions : de fortes mesures et le temps nécessaire pour qu'elles puissent réussir. Malheureusement la France, sous les Républiques successives, s'est fait une spécialité des demi-mesures. Elle répugne aux changements drastiques, aux réformes de structures, même sous la Ve République qui dispose pourtant des armes institutionnelles nécessaires. Mais voilà, on y reviendra, la France réforme traditionnellement trop peu et trop tard, d'où les secousses brutales qui l'agitent périodiquement. Faute des réformes vigoureuses, on déclenche, puisque les problèmes sont abordés mais non résolus, tantôt des épreuves de force sociales, tantôt des protestations de masse (manifestations par centaines de milliers de citoyens en colère), tantôt des crises spécifiquement politiques, électorales ou gouvernementales, voire des changements de régime. La France a toujours engagé des réformes avortées et subi des sorties houleuses.

Encore faut-il aussi, pour comprendre cette machine à explosion politique, prendre également en compte l'autre facteur, l'absence de durée, c'est-à-dire l'instabilité. L'Allemagne, la Grande-Bretagne, l'Espagne, pour ne prendre que les exemples de pays voisins comparables, ont su faire les réformes nécessaires parce qu'elles ont pris le temps qu'il fallait pour cela. En France, les hommes politiques ne sont ni meilleurs ni pires qu'ailleurs. Ils promettent durant leur campagne électorale plus qu'ils ne peuvent ou n'osent tenir. Comme les autres. En revanche, une fois installés au pouvoir, ils tergiversent, ils piétinent, ils testent, ils rusent, ils avancent obliquement, comme en catimini, de peur de provoquer des tempêtes. L'exception gaullienne a justement été de ne s'arrêter à aucune de ces précautions, d'avancer, de trancher, d'innover, de prendre des risques. De réformer, parfois à la hache mais sans peur et sans hésitation. En dix ans, la France en a été redessinée. Il y a eu l'énergie et il y a eu la stabilité.

Depuis, comme sous la IIIe République, comme sous la IVe République, c'est le retour à la politique des petits pas, aux initiatives circonspectes, aux réformes homéopathiques, donc illisibles et indéchiffrables. Là gît la responsabilité majeure des princes qui nous gouvernent. Ils ne sont ni moins compétents que leurs homologues, ni moins clairvoyants mais ils sont plus timides, effarouchés par la perspective des ondes de choc du changement. Manque de courage ou d'énergie ? Parfois, mais surtout peur de la versatilité de l'opinion, cette menace perpétuelle. Alors, ils avancent en crabe, obliquement, gauche ou droite, jeunes ou vieux. C'est l'un des nœuds des malheurs français : on réforme trop peu car l'on craint l'instabilité, mais en redoutant l'inconstance on l'entretient. Technique du pouvoir à la française : gouverner, c'est ruser avec l'opinion. Or l'opinion se venge : plus les dirigeants sont prudents et plus les Français sont instables. La République des demi-mesures encourage la République de l'inconstance.

2

Le déclinisme

C'est le pire défaut politique de ce pays, le plus répandu, le plus persistant, le plus destructeur : les Français sont d'incurables déclinistes. Ils le sont depuis toujours, ils le restent plus que jamais. Déjà César décrivait les Gaulois comme vaillants et hardis mais prompts au découragement, doutant de leur destin. Sur ce point-là, rien n'a changé. Les Français se montrent obsédés par le spectre du déclin. De siècle en siècle, ils le redoutent, ils le pressentent, ils le perçoivent, ils l'annoncent, ils le vivent, ils en souffrent, ils le voient qui gagne inexorablement, qui ruisselle d'abord, puis qui jaillit, qui submerge, qui engloutit. Il y a bien sûr des phases de rémission, des éclairs d'espérance, le temps d'une rupture, d'une alternance, d'un changement de Régime, d'une campagne, militaire ou électorale, d'une victoire ou d'une révolution. Très vite cependant, le tempérament national reprend le dessus. Le doute s'impose, la déception s'installe, l'amertume ronge la société, la colère menace. Une fois de plus, l'ombre cruelle du déclin assombrit la France tout entière. Alors, ce n'est plus une hypothèse, une conjecture, un risque, c'est une certitude : la France s'enfonce, la France décline, la France trébuche, la France recule, la France s'enlise. Bientôt elle va s'effondrer, déjà elle vacille. C'est l'heure du tocsin, en attendant le son du glas. La France n'est plus la France, la France est menacée de mort. Elle n'est plus que l'ombre d'elle-même, bientôt, demain, elle entrera en agonie : masochisme collectif, pessimisme congénital, handicap majeur, mélancolie nationale, acédie française. Notre faiblesse cardinale.

Ce n'est en rien le spleen spécifique d'un milieu social, l'attribut d'une famille politique particulière, le propre d'une époque. Le déclinisme est de tous les temps, de toutes les strates de la société. Par contraste, la versatilité des Français n'est jamais générale, puisqu'une forte minorité résiste. Le conservatisme, l'extrémisme ne concernent par principe qu'une fraction des hexagonaux. Le nationalisme imprègne les uns mais fait horreur aux autres. L'égalitarisme lui-même rencontre des résistances. La discorde a des frontières. Le déclinisme, point : il y a un déclinisme d'extrême gauche qui enrage du triomphe du capitalisme, il y a un déclinisme d'extrême droite, ravagé de colère et de ressentiment face à la mondialisation et à l'immigration. Il existe même un déclinisme des modérés, emprunt de nostalgie, ou un déclinisme des possédants, aux couleurs de l'inquiétude, un déclinisme populaire, craignant pour l'emploi, un déclinisme intellectuel célébrant une France sépia. C'est tout le pays ou presque qui tremble devant un déclassement collectif, qui redoute l'avenir.

Cela ne date pas non plus d'aujourd'hui : depuis l'apparition d'une conscience nationale il y a tentation du déclinisme, propension au découragement, tyrannie du doute, risque de dépression. La popularité de Jeanne d'Arc est née de ce refus de l'abaissement et de la capitulation. À peine Louis XIV était-il enterré que la peur du déclin menaçait derechef. Vivant, il avait surplombé l'Europe, mort il laissait derrière lui un cortège de craintes et de pressentiments négatifs. Dans *Le Siècle de Louis XIV*,

Voltaire s'en fait abondamment l'écho : la France brille, la France vainc, la France culmine et aussitôt la peur du déclin étreint violemment les cœurs. Elle traverse la Régence, elle prépare la Révolution. À peine celle-ci s'achève-t-elle que la France s'élève comme jamais avec l'Empire mais pour retomber lourdement en 1814. Il est vrai que l'amertume de la défaite et des ruines que laisse l'Empire est adoucie par la mythologie de l'épopée impériale et par la certitude amère qu'il a fallu la coalition de l'Europe tout entière, l'union sacrée des monarchies pour abattre l'Aigle.

Très vite, là encore, de Louis XVIII à Charles X s'installe cependant la perspective du déclin, anoblie par la mélancolie du romantisme. Le fracas de la chute sans gloire de Napoléon III suscite pour le coup une fièvre décliniste spectaculaire. La France tremble, la France s'angoisse devant le tableau d'un pays envahi, occupé, abattu, bientôt déchiré entre fusilleurs et fusillés. Une forte réaction se produit même pour lutter contre le déclinisme ambiant, contre la peur d'une banalisation de la France, d'un enlisement. Le symbole de cette forte rébellion s'appelle alors Ernest Renan qui, avec sa *Réforme intellectuelle et morale de la France*, part en croisade contre l'accablement ou, pire, la résignation. Le XIXe siècle est cependant encore optimiste et croit au moins au progrès, à la science, aux techniques nouvelles, à l'amélioration de l'humanité. Le message de Renan peut donc être entendu. La victoire de la France en 1918 ravive les couleurs de l'espérance et de la fierté nationale. Après tant de traverses, la France s'est redressée. Le déclinisme s'éloigne.

Le doute, le sentiment obscur de la déréliction nationale ressurgissent malheureusement aussitôt. La France a terminé la guerre victorieuse, héroïque mais exsangue et ruinée. Il y a bien des reconstructeurs comme Raymond

Poincaré, des clairvoyants comme le jeune André Tardieu ou le jeune Georges Mandel, mais avec la Grande Dépression des années 30, l'angoisse et le pessimisme affleurent aussitôt. La France de cette époque est fébrile, incandescente et, on l'a vu, gravement inconstante. Dans l'ordre culturel, elle en impose encore et elle est fière de son Empire mais son industrie s'affaiblit, la société se déchire, la politique écartèle le peuple.

En 1940, c'est la débâcle, le désastre. On peut épiloguer interminablement sur leurs racines : incurie de l'état-major (comme en 1870 et même, trop souvent, comme en 14-18), industries qui tournent au ralenti, haines politiques, silhouettes anxiogènes des extrémismes de gauche (le PC) et de droite (les Ligues), une France qui se déchire et ne s'aime plus. La sanction est tragique, le pire moment sans doute de l'histoire de France depuis ce siècle maudit de la guerre de Cent Ans, avec la peste noire et la famine qui détruisent près de la moitié de la population.

L'année 1940, elle, est moins une catastrophe matérielle ou démographique qu'un effondrement moral, un naufrage politique, une faillite militaire. Elle devient aussi la mère de tous les déclinismes français. D'une certaine façon, le pays ne s'est jamais remis de cette débâcle-là, de ce déshonneur politique – l'État français du maréchal Pétain –, de ce déclassement diplomatique, de cette tache indélébile sur le drapeau des armées où scintillaient les noms de tant de victoires, et par-dessus tout de cet affaissement moral. Le général de Gaulle, ses Forces françaises libres, la 1re armée de Juin et de De Lattre de Tassigny, la 2e DB du général Leclerc, l'intrépidité et le sacrifice des résistants, le martyre des déportés ont pu donner le change et maintenir les apparences. Le Général a, en particulier, fait preuve d'un incomparable génie d'illusionniste en arrachant un statut de puissance victorieuse en 1945 et, à force de hauteur et d'inflexibilité, en habillant de grandeur un pays déconsidéré. Rien n'y fait cependant et malgré les prouesses du souverain rebelle le plus éclatant de notre XXe siècle, le venin mortel de 1940 ne s'est jamais dissipé. De cette tragédie impossible à ensevelir est né le déclinisme français contemporain. Avant lui, le déclinisme était déjà ici une tentation permanente. Après lui, il est devenu une probabilité perpétuelle. Aujourd'hui, il s'est imposé sans rémission dans la conscience nationale. Le déclinisme est désormais l'un des caractères majeurs, le plus funeste, du tempérament politique des Français.

Sous la IVe République et au début de la Ve République, de 1945 à 1974, il a été combattu, sinon neutralisé, par la croissance économique et par l'aisance matérielle. Durant les Trente Glorieuses, la France s'équipait et les ménages découvraient les délices prosaïques des douches, des réfrigérateurs, puis des téléviseurs. Le plein-emploi régnait, l'Éducation nationale promouvait, la démocratie respirait. Le règne du général de Gaulle et la présidence de Georges Pompidou faisaient illusion. La France tenait son rang – nucléaire, notamment –, son industrie se fortifiait, son économie se modernisait. Malgré tout, derrière ces habits flatteurs, le doute et l'inquiétude persistaient, l'insatisfaction aussi : en témoignent la puissance du Parti communiste à cette époque et l'étrange déni des Français qui, malgré les progrès évidents de la société, se refusaient à reconnaître l'amélioration de leur propre sort. Dans les enquêtes d'opinion, les plaintes et les mécontentements germaient. La réalité des faits n'a jamais impressionné les Français. L'épisode spectaculaire de Mai 68 a bien prouvé qu'il faut en revanche prendre leurs récriminations et leurs doléances très au sérieux.

L'infirmité décliniste ne manquait d'ailleurs pas à cette époque d'arguments pour alimenter sa longue plainte. La perte de l'Empire, moins bien négociée que n'avaient su le faire les Britanniques qui avaient réussi à donner du panache à leur retrait, entretenait l'amertume et donnait le sentiment que sur la carte du monde la France rétrécissait brusquement. Il y avait bien de Gaulle, thérapeute de l'orgueil national, l'Europe, ce substitut à l'ambition patriotique et la prospérité, ce calmant si agréablement matérialiste : mais de Gaulle était mort, mais l'Europe était moins française, mais de nouveau la crise chassait la croissance. À partir des deux chocs pétroliers (1973 et 1979), tout s'est subitement déréglé et avec les épreuves et les angoisses le déclinisme est aussitôt revenu en force pour ne plus disparaître. En 1941, dans un livre frappant, décliniste avec élégance, *Trois Épreuves*, Daniel Halévy soulignait : « Les Français sont tombés, il faut qu'ils se relèvent, et ils ne savent où se reprendre », pour plaindre cruellement « un peuple qui perd en un instant le sentiment de son passé comme de son avenir ». C'était le pic du désespoir. Aujourd'hui, le déclinisme n'atteint pas tout à fait ce paroxysme. Il n'en est cependant pas si éloigné, la colère prenant le relais du désespoir. Le déclinisme règne et gouverne les esprits.

Il est vrai que, depuis le milieu des années 70, les crises succèdent aux crises et même les crises s'ajoutent aux crises, à peine suspendues par de rares regains : crise économique, crise budgétaire, crise sociale, crise politique (l'instabilité et l'extrémisme renaissants), crise morale, donc crise d'identité, on y reviendra. Il est vrai aussi qu'historiquement la France tombe de haut, on pourrait presque dire de trop haut. Elle apparaît en effet comme prisonnière de son propre mythe, comme enfermée par sa propre histoire, comme rapetissée par sa grandeur d'antan, comme banalisée par son exceptionnalité passée.

La « nation des Croisés » (Sieburg) dont quelques grandes dynasties régnèrent sur l'Angleterre, sur la Sicile, sur Constantinople ou furent rois de Jérusalem ; la « fille aînée de l'Église » dont Paul VI disait encore, si près de nous, « le Français exerce la magistrature de l'Universel » ; la « grande nation », que Thomas Jefferson présentait comme « la seconde patrie de tous les hommes » ; ce pays qu'au XIXe siècle les grands esprits s'accordaient à considérer comme unique, du distingué Joseph de Maistre, « la France a la vocation historique d'être le bon pasteur de l'humanité », au lyrique Michelet, « la France, pilote du navire de l'humanité » chargée du « pontificat de la civilisation », à l'exalté Victor Hugo, « sans la France le monde serait seul », et même à l'austère Guizot, « la France est le cœur de la civilisation ». Comment n'être quelque peu écrasé par le poids de pareil héritage, comment n'être pas intimidé, voire complexé par une mémoire aussi prestigieuse ? Quand une nation redoute de s'enliser, de s'enfoncer, le souvenir de ce qu'elle fut rend mille fois plus cruel le sentiment de ce qu'elle devient ou de ce qu'elle croit devenir. La mythologie de l'histoire de France constitue sans doute une circonstance atténuante à la déraison d'un déclinisme obsessionnel : les plaintes et les soupirs se nourrissent de ces comparaisons par trop inégales. Il y a, cela va de soi, du patriotisme blessé, de la fierté nationale meurtrie, voire de la vanité offensée dans le déclinisme d'aujourd'hui.

Des effets de ces sentiments, les preuves les plus actuelles abondent malheureusement. Le lamento français paraît intarissable. Dans toutes les enquêtes d'opinion, les Français se distinguent par un pessimisme accablant. Selon les chiffres, ils se plaignent plus de leur sort que les malheureux Afghans, Irakiens ou Syriens, martyrisés par les guerres, bombardés, affamés, ruinés et bien souvent contraints à l'exil. Ils voient l'avenir en noir plus que les autres peuples : 90 % des Français pensent que la prochaine génération, celle de leurs enfants, vivra plus mal qu'eux. Une étude de l'Institut Gallup mesurant en septembre 2014 le bonheur des nations – tâche certes difficile – place la France au cinquante et unième rang sur les cent quarante pays étudiés.

Ce classement-là se veut objectif mais subjectivement les Français se situent encore bien plus mal. Ils craignent de n'être plus à leur place dans le monde du XXIe siècle. Ils ont le sentiment, ce n'est pas neuf, d'être la cible particulière de la mondialisation. Ils croient dur comme fer que la France paie un plus lourd tribut que les autres nations aux métamorphoses économiques internationales du dernier demi-siècle. Ils se jugent moins préparés que leurs rivaux à y faire face, moins capables de s'adapter et de se transformer. Il est vrai, on le verra, que leur conservatisme est grand, que leur attachement farouche à un modèle social datant de la Libération, un autre monde, l'est aussi, que leur volonté de préserver leurs statuts dans l'état où ils se trouvent, en ne les modifiant que le moins et que le plus tard possible ne simplifie effectivement pas leur adaptation aux changements universels. Les Français se sentent les victimes expiatoires d'une métamorphose qui les révulse. Leurs voisins s'y plient, ils s'y refusent. À leurs yeux, la mondialisation est une lèpre qui les défigure, les menace et les atteint tout spécialement.

Il en va de même, paradoxalement, de l'Europe. Elle est pourtant née de cerveaux français, Robert Schuman et Jean Monnet, et a permis à la France de s'y tailler longtemps le premier rôle, conjointement avec l'Allemagne. Si celle-ci prend aujourd'hui l'ascendant, c'est en raison de sa puissance économique due à d'énormes réformes de structure auxquelles la France s'est refusée. La primauté allemande n'est pas le fruit du déclin français mais du conservatisme français. Les hexagonaux se refusent cependant à regarder la réalité en face : ils pèsent moins parce qu'ils bougent moins. La faute n'en revient pas aux autres mais à eux-mêmes. Ils sont déçus par l'Europe, alors qu'ils ont déçu l'Europe. Elle pouvait être, elle devait être le champ privilégié d'une influence française d'un nouveau type – la carte de l'influence au lieu du jeu de la puissance –, elle l'est moins que prévu parce que la France a moins évolué que les autres, s'est réformée moins que ses voisins. Elle ne peut donc s'en prendre qu'à elle-même, préférant cependant en tenir rigueur à Bruxelles, à Berlin, à l'injustice de l'époque, à la dureté du temps. Ce qu'elle a cru être une chance lui apparaît maintenant comme un risque. Au lieu d'un bouclier, l'Europe devient pour beaucoup de Français une traîtresse, une amie qui les a abandonnés, non plus un bouclier qui les défend mais un filet qui les enserre. Réaction typiquement décliniste, attribuant au dehors ce qui vient du dedans. Le déclinisme est aussi une myopie volontaire.

La mondialisation, l'Europe et aussi le capitalisme : c'est, pour la majorité des Français, la conjuration des malédictions. Ce pays n'aime pas son environnement, globalement s'entend, car il y a heureusement de fortes minorités qui ne voient pas les choses ainsi. C'est le droit de la France mais c'est aussi une réaction stérile car l'environnement économique et financier ne se modifiera pas pour lui plaire. La logique devrait plutôt pousser les Français à vouloir s'adapter au monde qu'à rêver que le monde s'adapte à eux mais ils sont ainsi faits, militants du refus du changement, attachés à leurs propres modes de fonctionnement, originaux mais peu flexibles :

toujours le syndrome d'Astérix. Aucun pays ne déteste autant la mondialisation, selon tous les sondages, aucun n'est aussi hostile au capitalisme et en particulier au capitalisme financier, aucun ne se sent personnellement, spécifiquement, aussi stigmatisé par les vents et parfois par les tornades du changement.

La résistance des Français au changement, justement, les angoisse cependant. Ils sont myopes mais pas aveugles et ils se doutent bien qu'il leur faudra, un jour ou l'autre, évoluer à leur tour, même s'ils détestent cette idée-là. Depuis qu'ont éclaté les crises en cascade, les Français se partagent donc entre mécontentement et inquiétude. Ils voient le monde tourner autour d'eux, ils ne voient, et pour nombre d'entre eux ne souhaitent pas voir la France bouger. Alors, ils se désolent. Ils maudissent le XXIe siècle, ils enragent de ne pas y tenir la même place qu'avant. La France compte moins, les Français pestent plus. Ils ne sont plus ce qu'ils ont été aux yeux des autres mais ils ne sont également plus ce qu'ils furent à leurs propres yeux. Ils détestent le changement mais ils perçoivent les transformations, hors de France bien sûr, en France aussi. Ils n'ignorent pas que les autres pays évoluent vite, la télévision le leur scandant quotidiennement. Ils se voient comme des résistants en retraite et ils se désolent inlassablement de leur propre spectacle.

Ainsi, chaque classement international les alarme-t-il. L'éducation, longtemps une fierté française au pays de Jules Ferry ? Les impitoyables classements PISA, mesurant les performances comparatives des élèves de nombreux pays, placent la France à une piteuse vingt-cinquième place. L'intégration des immigrés, jadis une réussite française ? Avant la guerre, 91 % étaient d'origine européenne, aujourd'hui, 41,5 % sont africains. Leur taux de chômage est plus du double de la moyenne nationale et les Français redoutent de plus en plus l'islamisme et même tout bonnement l'islam. Les performances économiques ? En 1980, l'industrie française était, grosso modo, l'équivalente de l'industrie allemande. Aujourd'hui, elle n'en représente que la moitié. L'indice de compétitivité élaboré par le Forum économique international ? Il place la France à une pauvre vingt-troisième place pour l'année 2014/2015. Il y a bien recul et donc fort sentiment de déclin, la question étant cependant de savoir, comme toujours, ce qui relève du changement des autres et ce qu'il faut imputer à notre propre refus du changement. Autrement dit, faut-il déplorer des circonstances indépendantes de notre volonté, et alors le déclinisme serait presque légitime, ou bien regretter les initiatives que nous nous sommes refusés à prendre, et alors le déclinisme serait abusif ? L'orgueil voudrait que la réponse incrimine les autres et la lucidité qu'elle nous mette nous-mêmes en cause.

Autre symptôme du déclinisme ambiant, la nostalgie française, de plus en plus marquée, le mythe de « l'âge d'or » – quand les Français l'ont-ils réellement vécu ? –, la religion du « bon vieux temps », le goût croissant pour les objets « vintage » ou « collector », la passion des commémorations qui se multiplient chaque année, celle des anniversaires avec leur appareil de cérémonies officielles et même un intérêt soudain pour la généalogie, romanesque et flatteuse de préférence, comme si les Français se sentaient mal dans leur société actuelle et n'en finissaient pas de rêver aux décennies envolées, même si elles furent traversées de guerres – que les hexagonaux d'aujourd'hui ne connaissent plus, heureusement, que par les images –, et d'épreuves économiques et sociales bien pires encore que celles d'aujourd'hui, puisque, à l'époque, les protections étaient bien moindres. En réinventant le passé, les

Français s'encouragent à se plaindre encore plus d'un présent qu'ils n'aiment pas. La nostalgie, surtout romancée, est bien décliniste.

Il est vrai que les Français ont aussi bien des excuses et que s'ils s'abandonnent au déclinisme, on les y encourage fort. Les journaux de presse écrite et les médias audiovisuels se montrent systématiquement plus anxiogènes les uns que les autres. Quotidiennement, c'est le bréviaire des mauvaises nouvelles. La France compte 10 % de chômeurs, 15 % de pauvres, les deux catégories se confondant largement. Il y a par ailleurs plus de 80 % de la population qui, sans vivre dans la tranquillité ou dans l'aisance, n'affronte pas de drames et parvient à traverser des crises sans sombrer. Il y a même, parmi ces 80 %, au moins 30 % de Français pour vivre assez confortablement. Or ceux-là n'existent pas dans les médias. Les gens heureux sont les clandestins de l'information, introuvables, comme inexistants. L'information continue et les réseaux sociaux accentuent encore ce déséquilibre en dramatisant de façon caricaturale chaque incident, en transformant le moindre problème en tragédie nationale, sans recul, sans réflexion, sans hiérarchisation. L'information devient ainsi une dramaturgie perpétuelle, au bout du compte une mise en accusation constante, sans doute d'ailleurs inconsciente, du fonctionnement de la société. Télévisions ou radios d'information continue, *a fortiori* réseaux sociaux, sites et blogs n'instruisent qu'à charge, alimentant le déclinisme jour après jour. L'information continue impose de surcroît son rythme et ses défauts à l'ensemble des médias, bien obligés de galoper derrière sa théâtralisation perpétuelle.

Le « french bashing » des médias internationaux, se délectant de chaque crise française, montant en épingle les conflits sociaux comme s'ils annonçaient des guerres civiles, présentant par exemple les émeutes des « quartiers » de 2005 comme une nouvelle Commune de Paris et la moindre grève ou manifestation comme l'agonie du modèle social national, ridiculisant de surcroît méthodiquement les présidents successifs, François Mitterrand travesti en Robespierre, Jacques Chirac costumé en traître (la guerre d'Irak), Nicolas Sarkozy affublé en Allemagne des oripeaux de Polichinelle et François Hollande accoutré en personnage de vaudeville, ce « french bashing » n'arrange évidemment rien. La France paie sa vanité passée et son orgueil malheureux en lazzis et en charges qui alimentent son déclinisme, ce complexe mortifère.

D'autant plus que celui-ci se trouve en quelque sorte théorisé et rehaussé par une génération entière d'essayistes, de philosophes et de chroniqueurs, tous porteurs d'idéologie décliniste. Signe d'une grave crise, assurément, lourde rechute de la mélancolie nationale, la pire sans doute depuis l'effondrement moral de 1940. Si tant d'intellectuels, de journalistes, d'éditorialistes de talent – plusieurs parmi les meilleures plumes des années 2010 – se retrouvent au sein de ce club informel des déclinistes militants, n'est-ce pas qu'il y a lieu de s'angoisser, de s'affoler, voire de désespérer ? Depuis vingt ans, Nicolas Baverez, talentueux biographe et disciple de Raymond Aron, n'est-il pas l'inlassable lanceur d'alertes de la République ? *Les Trente Piteuses*, *La France qui tombe*, c'est lui. Chaque semaine, à plusieurs reprises, ses articles, toujours rigoureux, toujours impitoyables, toujours cuirassés de chiffres effrayants, nous enseignent inlassablement les lois morbides du déclin. Il croit assurément être un vertueux thérapeute, il est un impitoyable briseur de moral.

Cette décadence dont Baverez se fait le greffier malheureux et obsessionnel dans l'ordre économique, Éric Zemmour l'autopsie avec une verve funèbre et un talent furieux dans l'ordre politique. C'est notre Bainville contemporain.

L'énorme succès de son *Suicide français* témoigne à la fois de ses qualités de grand communicateur, de son tempérament de guerrier polémiste, de ses dons de vulgarisateur habile et d'un pessimisme crépusculaire, absolu, qui rencontre un écho funèbre chez beaucoup de Français. Misogyne, nationaliste, xénophobe au sens le plus littéral, réactionnaire en tout, passionnément antimusulman, Zemmour est notre carillonneur crépusculaire du déclin. Son *Suicide français* s'ouvre par « la France est l'homme malade de l'Europe » et se clôt par « la France se meurt, la France est morte », pastiche ironique de Bossuet. En le lisant, on pense à Maurras s'écriant : « Je crains que ma génération soit la dernière génération de Français. » Le retentissement des idées d'Éric Zemmour, sa vraie popularité chez un tiers des Français, chiffre énorme, constituent la victoire médiatique la plus spectaculaire et la plus symbolique du déclinisme.

Éric Zemmour n'est pas seul. Autour de lui, d'autres journalistes chroniqueurs, Natacha Polony, Ivan Rioufol, Yves de Kerdrel, Guillaume Roquette, bien d'autres encore, partagent sa hantise du déclin, sa certitude de l'impasse française. Chacun a sa personnalité, ses sentiments politiques – Natacha Polony vient du chevènementisme et se définit avant tout par un souverainisme batailleur quand plusieurs sortent d'une droite classique, durcie par le refus, par le rejet honorable de ce qu'ils ressentent comme une agonie française. Zemmour est le coryphée et ils sont les choristes. L'ensemble fait grand bruit et rend d'ailleurs comique la plainte perpétuelle selon laquelle ils seraient victimes d'ostracisme. C'est l'inverse qui est vrai : on les entend beaucoup mieux que leurs contradicteurs, de gauche ou modérés, qui peinent à se faire écouter et semblent de plus en plus désemparés, comme pétrifiés, presque à court d'arguments face à l'impressionnant requiem français. En fait, le déclinisme a désormais tout d'une idéologie dominante. Cela se sent dans les votes des Français, cela se voit sur les plateaux de télévision, cela s'entend dans les studios des radios.

C'est aussi que de grands intellectuels, des essayistes parmi les plus marquants relaient le long chant funèbre du déclin français. Dans ce pays, si sensible aux idées et à la qualité littéraire, cela compte bigrement. Régis Debray et Alain Finkielkraut n'ont pas le même cheminement et se différencient clairement, tant politiquement que philosophiquement. Ce sont sans doute deux des plus grands stylistes, deux auteurs des plus marquants, engagés dans la bataille française des idées. L'un et l'autre partagent l'horreur et la certitude d'un déclin français, d'un effacement, d'un renoncement à l'essentiel national, ce qui fait d'eux les figures conjointes de la Haute Église décliniste. Michel Onfray, progressiste atypique, pourfendeur intrépide des mythologies et des maîtres à penser, n'a rien à voir avec l'extrême droite comme on l'en a accusé mais pousse néanmoins son rocher de décliniste avec la fureur d'un Sisyphe anticapitaliste. Même de brillants penseurs venus de la « deuxième gauche » comme Jacques Julliard n'échappent pas à ce pessimisme cannibale. Intellectuellement, le déclinisme a donc gagné cette bataille.

Pourtant, au bout du compte, la question qui se pose est évidemment de savoir si ce déclinisme vainqueur se justifie par le spectacle d'une France vaincue. Or, au-delà des apparences, rien n'est moins sûr, fort heureusement. La France a toutes les raisons de s'inquiéter mais pas de désespérer. Bien sûr, elle ne tient plus sur la scène internationale et même historique le rôle qui jadis fut le sien. C'est le lot de toutes les anciennes puissances européennes. Elle a perdu son Empire, comme la Grande-Bretagne, l'Espagne, le Portugal, les Pays-Bas ou, sur le

Vieux Continent lui-même, l'Autriche et la Russie. C'est la fin d'une époque, le destin du Vieux Monde. Ce n'est en rien une spécificité française, une déroute française. Londres, Madrid, La Haye n'en font pas une affaire de déclin national. Évidemment, François Hollande pèse peu par rapport à Louis XIV. Personne n'imaginerait de le surnommer le « Président Soleil » et d'ailleurs, lui-même se tient aux antipodes de toute prétention épique.

La France continue cependant à jouer un rôle particulier sur les terres de ce qui fut son Empire. Elle possède toujours le deuxième domaine maritime du monde, ce qui lui assurera un rôle enviable dans l'avenir. Elle est devenue une puissance moyenne – comment se comparer aux États-Unis, à la Chine, à l'Inde, peut-être demain au Brésil ou à la Russie ? – mais elle demeure une puissance originale, grâce à la francophonie et à sa vitalité culturelle, à ses multiples confettis de par le monde, à sa force nucléaire, à son statut diplomatique (le siège de membre permanent du Conseil de sécurité), à sa place en Europe. Réduite assurément par rapport à ce qu'elle fut, mais point insignifiante, jamais insignifiante malgré ses erreurs, ses défaites et ses trébuchements. Toujours à un rang significatif, plus que respectable pour un peuple de soixante-cinq millions d'habitants. Respectable et même ambitieuse. En déclin hier, en palier aujourd'hui. Rien qui oblige à se lamenter et à se couvrir la tête de cendres. Toujours bien vivante, quoi qu'en pensent les croque-morts.

Mais en Europe, justement, là où elle avait investi ses forces et concentré ses nouvelles ambitions ? Comment nier qu'elle soit aujourd'hui éclipsée, distancée par l'Allemagne, redevenue si puissante et si conquérante quelques décennies après avoir déclenché l'enfer puis subi un rude purgatoire ? La réponse exige assurément un certain recul.

La France a parrainé l'Europe, l'a animée avec l'Allemagne et se trouve actuellement deux pas derrière Berlin, c'est un fait. Encore faut-il se rappeler que si la France pèse actuellement moins qu'auparavant à Bruxelles, il y a vingt ans c'était le Royaume-Uni qui passait pour l'homme malade de l'Europe et qu'il y a à peine plus de dix ans, c'était… l'Allemagne. La France traverse une mauvaise passe, elle ne peut plus bomber le torse et s'admirer dans son miroir. Elle le doit plus à sa situation intérieure qu'à sa politique européenne. De toute façon, chacun l'admet, l'Europe n'avance que si le couple franco-allemand fonctionne bien. Au début du quinquennat de François Hollande il a hoqueté, mais désormais il coopère efficacement. D'ailleurs, à l'issue de la périlleuse crise grecque, c'est la solution française qui l'a emporté. Dans la crise ukrainienne, on a surtout vu Angela Merkel mais c'est en fait Paris qui était à la manœuvre. François Hollande et la Chancelière s'accordent pour renforcer à trop petits pas la zone euro qui a grand besoin d'une impulsion politique. Bien sûr, la situation économique de la France diminue son poids mais elle ne met pas fin à son influence et elle ne lui interdit en rien de rétablir en quelques années son autorité. Il y a une langueur française, il n'y a pas de suicide français.

En revanche, il y a bien un affaissement économique, une houle sociale, un mécontentement bouillonnant de la population. Rien d'une agonie, tout d'une crise, peut-être demain d'une tempête. Chacun en connaît parfaitement les raisons : croissance trop lente à cause des charges excessives des entreprises, investissements trop faibles, faute de marge bénéficiaire suffisante, de visibilité et de stabilité ; fiscalité écrasante, notamment sur les ménages des classes moyennes et aisées, bureaucratie pesante, normes et réglementations vétilleuses, malgré les efforts de simplification ; prélèvements publics nettement supérieurs à ceux de nos principaux concurrents, dépenses publiques déraisonnables, en particulier du côté des collectivités locales (personnel pléthorique et faible productivité), déficits persistants, diminuant trop lentement malgré les efforts entrepris, endettements excessifs ; législation sociale intrusive et kafkaïenne ; peur d'un chômage refluant à peine, crainte générale du déclassement ; formation professionnelle insuffisante, notamment pour les métiers manuels ; immigration anxiogène, insécurité et délinquance mal contenues, parfois insupportables (cas de Marseille), inquiétude générale, perte de confiance de la société tout entière : au total, un pays qui doute de lui-même, se désole et se plaint de n'être plus ce qu'il était, redoute le pire, rejette ses élites, conspue ses dirigeants, brocarde les médias et n'aime plus ses gouvernants. Une nation qui a longtemps été enviée et qui aujourd'hui jalouse les autres. Donc, un fort, un vrai sentiment de déclin.

Justifié ? C'est confondre les circonstances avec l'Histoire, la conjoncture avec le destin. La France traverse une mauvaise passe, elle n'est ni condamnée, ni immobile (malgré la constante tentation des demi-mesures), ni surtout sans atouts. Plutôt que de parier sur le déclin inéluctable par conformisme idéologique ou pour respirer l'air du temps, mieux vaut soupeser les chances du rebond et du renouveau, afin de les évaluer sans la passion éruptive qui est d'ordinaire leur lot. La France est géographiquement le carrefour même de l'Europe. Elle est donc, contrairement à la Grande-Bretagne, aux pays des confins (Europe de l'Est, Scandinavie, voire péninsules Ibérique, italienne, ou archipel grec), physiquement irremplaçable. Sans la France, pas d'Europe. Sans les Français non plus, mais là le problème ne se pose pas puisque la France reste, avec la pieuse Irlande, le seul pays d'Europe dont la démographie soit satisfaisante et équilibrée. Certains spécialistes assurent que ce n'est pas une preuve d'optimisme individuel ou de confiance collective. Ils ont peut-être raison mais, dans le cas contraire – un fléchissement démographique –, ils y verraient à coup sûr un signe de faiblesse et de renoncement. Avant que ce siècle ne s'achève, la France sera devenue le pays le plus peuplé de l'Union européenne. Le contraire d'un suicide.

Par ailleurs, si la France demeure la première destination touristique du monde, c'est que sa beauté et sa force d'attraction restent incomparables. À ce stade, les déclinistes rétorquent rituellement que la perspective de devenir un pays-musée n'est pas grisante. Préféreraient-ils les steppes hongroises ou les plaines de Poméranie ? En tout cas les Français, malgré leur très mauvaise humeur, se disent à 92 % (Ipsos, décembre 2012) heureux de vivre en France. 81 % (BVA, juin 2013) se proclament heureux sur un plan personnel. Comme quoi on peut se montrer très critique vis-à-vis des gouvernements et du pilotage de la société sans voir la vie exclusivement en noir. Au demeurant, 58 % d'hexagonaux se déclarent à l'aise dans la société telle qu'elle est, contre 42 % d'avis contraires (Ipsos, décembre 2012). La protestation, le ressentiment, l'amertume, la critique sociale sont une chose, le bonheur individuel, la satisfaction privée en sont une autre. La posture de la déploration ne résume pas tout. Les Français sont complexes : très mécontents, pas malheureux.

Ils ne manquent pas de qualités professionnelles : leur productivité individuelle est l'une des plus élevées au monde et la qualité des ingénieurs, des managers et des commerciaux sortis des grandes écoles est telle qu'à la City de Londres ils sont mieux payés en moyenne que les diplômés des si prestigieuses universités d'Oxford et de Cambridge, le *nec plus ultra* britannique. Tout n'est donc pas perdu et les traverses actuelles ne sont pas irrémédiables. Le déclin relatif – historiquement s'entend – n'est pas un déclin absolu. Les grandes entreprises font certes leurs profits à l'étranger mais elles n'en restent pas moins enviables et bien enracinées en France. Les banques françaises sont les plus solides, comme l'ont prouvé les crash tests officiels. La France compte, c'est une nouveauté, un million d'auto-entrepreneurs et des dizaines de milliers de start-up, outils d'avenir évidents. Les PME peinent, les artisans et petits commerçants souffrent, les agriculteurs sont dans la difficulté, pour plusieurs branches au moins. Globalement, la France possède néanmoins de solides infrastructures, une administration et des services publics pléthoriques mais efficaces. L'éducation nationale a grand besoin de renouveau mais, malgré l'appauvrissement du langage et le naufrage de l'orthographe, le niveau culturel s'est sensiblement élevé en un demi-siècle, quoi qu'on dise, sur des terrains, il est vrai, différents.

Il n'y a certes pas là, au total, de quoi pavoiser, mais la France dispose de toute évidence des ressources d'un regain, à condition de retrouver la fermeté des choix et la stabilité des politiques. C'est aux Français de le décider. Le communisme est mort, le socialisme traditionnel est obsolète, le colbertisme gaullien est archaïque et le national-populisme n'est qu'un tonneau d'explosifs. Entre ces branches mortes et cette aventure dévastatrice existent plusieurs options qui, largement employées par tous nos partenaires, souvent avec succès, contredisent le déclinisme.

Reste à savoir alors pourquoi, malgré les atouts français, malgré les nouvelles voies qui s'entrouvrent, malgré le trop pesant mais si protecteur parapluie social, cette particularité hexagonale ambiguë, les Français sont si nombreux à être persuadés que la France s'enlise, les oublie et les abandonne, que la France régresse, trop entravée pour faire face aux défis cruels d'un monde en plein bouleversement. Trop vieille pour s'adapter, trop sclérosée pour se moderniser, trop divisée pour retrouver un élan, comme engoncée dans un costume vétuste. On répliquera que vingt pays européens, moins privilégiés que le nôtre, ont su le faire. On avancera que nous avons assurément les instruments d'une rénovation, d'une modernisation qui ne tiendrait tout de même pas d'une résurrection, quoi que psalmodient les déclinistes. Et pourtant, les Français se retranchent derrière leur scepticisme et leur colère. Les déclinistes ont tort, mais ils ont converti les Français au déclin.

La faute originelle en revient, cela va de soi, aux politiques. Depuis des décennies, à de très rares exceptions près (Barre, Balladur, Jospin), la politique qu'ils mènent au pouvoir contraste cruellement avec leurs promesses de campagne. Le pire fut atteint par Jacques Chirac en 1995, lequel, six mois après son élection au palais de l'Élysée, dut avouer publiquement qu'il devait accorder la priorité à ce qu'il avait promis cent fois d'éviter (réduction des déficits publics au lieu de l'augmentation du pouvoir d'achat). Ce sont les pratiques qui font légitimement douter les citoyens de leurs dirigeants et parfois, hélas, de la démocratie. Si l'on y ajoute les scandales financiers récurrents – François Hollande avait garanti la vertu et l'on vit s'avancer Cahuzac avec ses comptes clandestins en Suisse ou à Singapour –, l'appauvrissement de la parole politique, banalisée et stérilisée par la saturation médiatique et, plus généralement, la perte de prestige de gouvernants régulièrement démentis par les faits, rien d'étonnant à ce que tombe ce verdict glaçant : pour 61 % des Français, la démocratie ne fonctionne pas bien, pour 85 % les responsables politiques ne se préoccupent pas de leurs problèmes. Il y a aujourd'hui divorce entre les dirigeants et le peuple, entre les élus et les citoyens. Si la France ne détient pas le monopole de cette rupture – d'autres nations la connaissent –, elle le ressent plus qu'ailleurs en raison de sa passion évanouie pour la politique et de l'extrême personnalisation de notre système présidentiel. En l'occurrence, ce n'est pas une question de déclin mais de loyauté et de sincérité démocratique. Péché mortel dans une société de transparence.

Et cependant, les événements terribles de janvier 2015 – les attentats – l'ont prouvé, la France se montre capable de mobilisation inattendue et spectaculaire, de réactions de solidarité et de fierté. Ou plutôt une France, celle qui par sa culture, ses professions, son habitat, ses valeurs, ses croyances, se sent pleinement incluse au cœur de la société. En revanche, une autre France, mal intégrée, ne se sent pas concernée, se voit même parfois stigmatisée par cet élan qu'elle ne partage pas, alors qu'une troisième France, protestataire et vindicative, pénétrée de l'idée du déclin, se refuse à se reconnaître en des dirigeants qu'elle conteste et combat. La France en somme toujours nostalgique de son unité mais plus divisée que jamais, la France allergique et méfiante vis-à-vis du changement et cependant confrontée à plus de bouleversements que jamais depuis la guerre : une République désemparée face à une mutation phénoménale ou plutôt à une arborescence de mutations qui la submergent et qu'elle craint de ne pas parvenir à contrôler.

Là réside sans doute le fond du problème : si la France a peur du déclin, si la France se persuade de son déclin, c'est que son entrée dans la société postindustrielle, dans cette société si brusquement mondialisée, a été beaucoup plus subie que pilotée, qu'elle s'est faite de façon chaotique et non pas ordonnée, qu'elle a donc constamment été vécue comme une sanction, comme une déchéance, jamais comme une chance ou comme un défi. Les Américains ont fait face au changement avec leur dynamisme et leur optimisme habituels. Les Britanniques se sont montrés, comme toujours, stoïques et pragmatiques, les Allemands, méthodiques et disciplinés. Espagnols, Italiens, pour ne pas se référer aux cas extrêmes des Grecs, des Irlandais ou des Bulgares, ont entrepris de vastes réformes, se rebellant parfois mais poursuivant cependant leurs efforts. Dans la France instable et décliniste, ces événements ont été ressentis comme une malédiction divine, comme un acharnement injuste, comme une expiation inique.

Il est vrai qu'en France les métamorphoses de la société ont coïncidé en quelques décennies avec de lourds bouleversements. La France était catholique et elle l'est beaucoup moins : 27 % de messalisants durant les années 50, 4 % aujourd'hui. C'est une rupture. 79 % de mariages religieux en 1954, 30 % en 2012 ; 6 % d'enfants nés hors mariage en 1965, 54 % en 2010, plus qu'aucun autre pays européen. C'est une mutation. En changeant de siècle, la France a changé de société : 5 % de bacheliers pour la filière générale en 1951, 37 % en 1995, plus de la moitié aujourd'hui ; 23 % de salariés travaillant dans le secteur industriel en 1980, 12 % aujourd'hui. La famille ne se ressemble plus, les salariés ont muté (l'ouvrier à la chaîne est résiduel), l'immigration n'a ni la même origine, ni la même culture, ni la même religion qu'auparavant. 40 % des électeurs dépendent des salaires ou des transferts sociaux de l'État. On travaille moins, on vit plus longtemps, on habite à la ville (62 % des Français en 1960,

78 % en 2012), on regarde la télévision, on s'accroche à son smartphone, symbole d'un individualisme narcissique.

Les Français sont tristes et amers comme s'ils ne parvenaient pas à suivre le rythme du changement, comme s'ils s'épuisaient à devoir sans cesse s'adapter. Le sentiment du déclin naît de cet essoufflement perpétuel de la société, d'une politique qui n'entraîne plus, d'une économie bousculée sans relâche, d'une famille qui ne se reconnaît plus, de la religion qui s'éclipse, des peurs qui s'additionnent.

Est-ce pour autant rédhibitoire ? Est-ce en quoi que ce soit une anomalie française, une perversion française, un chemin de croix français, un ténébreux destin français ? C'est ce que croient et font croire les déclinistes. C'est la thèse qu'ils propagent, qu'ils ressentent, qu'ils élaborent, la fabrique du pessimisme national, la malédiction de la mélancolie collective, la marque noire de l'avenir trop incertain d'un pays accablé par lui-même.

Cela s'appelle aussi un mythe. La France n'est pas nue, ni privée de destin. Elle possède, on l'a vu, de forts atouts en réserve. Sa réputation n'est pas morte, son image n'est pas soudain flétrie. Elle affronte certes des périls et des défis : communautarisme, discorde, instabilité, traditions et valeurs violemment bousculées, économie en transition forcée, population inquiète avec une trop grande part de laissés-pour-compte, de marginalisés, sans formation professionnelle, sans emploi et avec de faibles ressources. La France vit mal sa gigantesque transition. Ce n'est pas la première fois et elle n'est pas, tant s'en faut, la seule dans ce cas. Ce que maintes nations voisines ont réussi, il n'y a cependant aucune raison, aucun motif rationnel pour que cela lui soit en quoi que ce soit interdit. La France a l'habitude des chutes, des regains, des succès et des surprises. Tout cela n'appartient pas au passé.

Encore faut-il évidemment qu'elle s'en donne les moyens. Cela commence par une entrée résolue dans le réalisme économique. Il en existe des signes nouveaux mais pas encore victorieux. Cela implique de la résolution et de la persévérance, de la patience, qualités qui ne sont pas des caractéristiques françaises mais auxquelles elle ne peut échapper. Cela exige aussi une incarnation assumée de l'autorité démocratique. Les institutions le permettent. À l'élection présidentielle d'y pourvoir. La France a besoin de croire en celui qui la conduit, elle a besoin de percevoir clairement le chemin désigné. C'est le prix de l'unité et de la constance, le préalable. La France n'avance que quand elle sait ce qui se construit et qui le construit. Le sentiment national, plus fort que tous les clivages, que toutes les divisions et que toutes les rancœurs y mène directement. Il faut en somme un itinéraire national, un projet, non pas un rêve comme on le dit étourdiment mais une claire ambition collective et le visage d'une autorité légitime, regardée comme telle, pour la porter. Un volontarisme démocratique pour exorciser le déclinisme et se persuader que le déclin relatif n'annonce en rien le déclin absolu.

3

L'égalitarisme

Les Français ont toujours eu la passion de l'égalité et la tentation de l'égalitarisme. Chez d'autres peuples, britanniques et américains par exemple, la religion de la liberté l'emporte nettement sur le culte de l'égalité. Dans la plupart des pays, il en va de même. L'indépendance nationale, première des libertés, ou encore la liberté religieuse et, bien sûr, la démocratie, c'est-à-dire les libertés politiques et sociales, éclipsent la demande d'égalité. Dans beaucoup de nations aussi, la liberté d'entreprendre pèse plus lourd que la recherche de l'égalité, c'est bien pourquoi le capitalisme domine. Ici, il en va autrement. En France, l'égalité prime. Elle ressemble même à une sorte d'obsession nationale, et en cela elle se situe souvent aux confins de l'égalitarisme. Les Français aiment tant l'égalité qu'ils l'attirent et l'entraînent vers l'égalitarisme. La devise républicaine proclame « Liberté, égalité, fraternité ». La réalité nationale suggère plutôt « Égalité, liberté, fraternité ».

Il est vrai que si la France a mis des siècles à se construire, elle n'a pas eu, comme tant de nations européennes, par exemple nos voisins italiens, allemands, belges ou hollandais, à batailler jusqu'au XIXe siècle pour arracher leur indépendance aux empires qui les possédaient. Ce fut aussi le cas pour la quasi-totalité des nations d'Europe du Nord et de l'Est. C'est un fait encore que, seul sur le Vieux Continent, l'Hexagone a conquis ses droits politiques dès le début de la Révolution, bien avant la plupart des autres peuples. Il avait en quelque sorte plus d'espace et de temps que les autres pour se livrer à sa passion de l'égalité. Il en avait surtout plus le goût. Le Français se différencie des autres parce qu'il est avant tout un animal politique égalitariste.

D'ailleurs, cette attirance pour l'égalité, on en trouve déjà des traces chez les jansénistes et parfois même chez Bossuet. Le gallicanisme comporte, bien avant la Révolution, une part d'aspiration à l'égalité. Chez Montesquieu ou chez Voltaire, celle-ci prend la forme d'une vive critique des privilèges, l'envers de l'égalité, et aussi d'une sympathie instinctive pour l'instruction, le mérite et le travail, à l'opposé des valeurs aristocratiques de prouesse, d'héroïsme et d'honneur. Jean-Jacques Rousseau va évidemment beaucoup plus loin avec son fameux *Discours sur l'origine et les fondements de l'inégalité parmi les hommes* (1755), même s'il bute, il ne sera pas le dernier à le faire, sur la question de la propriété. Le Genevois laisse notamment percevoir une aversion profonde pour la richesse (dont ses protecteurs successifs sont néanmoins largement pourvus...) qui marquera et ne cessera de prospérer au sein de la société française. L'égalitarisme de notre doux pays ne cesse, depuis qu'existe la liberté d'expression, de se traduire par une hostilité vindicative vis-à-vis des riches qui contraste avec la fascination que provoque l'argent chez la plupart des humains.

Quoi qu'il en soit, dès le début de la Révolution, l'aspiration à l'égalité émerge et, très vite, prend l'ascendant sur toutes les autres revendications. C'est Tocqueville qui l'écrit : la liberté n'a vécu que quelques mois sous la Révolution, dès octobre 1789 la passion de l'égalité l'emporte. Effectivement, si le 14 juillet 1789, devenu par la suite le jour de la fête nationale, symbolise l'accession aux libertés, la nuit du 4 août, quelques semaines plus tard, théâtralise le triomphe de l'égalité. C'est cette nuit-là que l'Ancien Régime a réellement disparu et c'est cette nuit-là que, dans une joie indescriptible, avec des déferlements de générosité et de liesse que l'on ne retrouvera jamais depuis avec une telle intensité, l'égalité réussit son entrée solennelle à la tête des passions françaises. On assiste au spectacle, inimaginable un trimestre plus tôt, des plus grands seigneurs renonçant avec allégresse à leurs privilèges, des prélats faisant assaut de désintéressement et d'humilité, des bourgeois les plus étoffés cherchant activement remède au dénuement et aux misères du peuple.

On abolit donc les ordres et les corps, bientôt ce sera la disparition des corporations. On supprime les exemptions fiscales, les immunités judiciaires abhorrées par le tiers état. On brûle les « terriers », ces registres des droits seigneuriaux, on brûle d'ailleurs parfois les châteaux avec, et on pillera beaucoup. On liquide les privilèges, les bénéfices, les droits de chasse, les colombiers, les champarts, les jurandes. C'est la fin d'une époque, la fin d'une société, bientôt la fin d'un régime, sinon la fin d'une mémoire et d'une histoire. Tout n'est pas métamorphosé, certes, en une nuit, ni même en une révolution. Les citoyens, cependant, deviennent alors juridiquement libres et égaux devant l'impôt et l'accès aux fonctions publiques. Bientôt ce sera l'égalité successorale, puis le code civil du Consulat. Les sans-culottes ont chanté *La Carmagnole* en insistant sur leur refrain fétiche, « tous à la même hauteur, voilà le vrai bonheur ». Robespierre s'est écrié dans un mouvement d'enthousiasme : « La royauté est anéantie, la noblesse et le clergé ont disparu, le règne de l'égalité commence. » C'était excessif mais ça n'était pas faux. Dans la nuit du 4 août, la France est tombée amoureuse de l'égalité et, si inconstante pourtant dans tant de domaines, elle ne s'est jamais départie de cette passion-là.

D'ailleurs, à chaque émeute, à chaque révolution, à chaque changement de régime, on en retrouve l'espérance et l'aspiration. Lorsque la société se soulève, ou du moins une partie, généralement dans les grandes villes et en particulier à Paris, certains rêvent du babouvisme et du « Manifeste des Égaux » de Sylvain Maréchal. Utopie sans doute – Babeuf n'a d'ailleurs joué aucun rôle significatif sous la Révolution et les « niveleurs », comme on appelait alors les activistes les plus extrêmes de l'égalité, ont vite été mis au pas *manu militari* – mais qui ressurgit instantanément et fugitivement à chaque rupture, en 1830, en 1848, en 1871, ultraminoritaire et cependant éternelle, souvent violente et toujours vaincue. La Commune de Paris en porte encore les stigmates.

Si l'égalitarisme semble alors condamné à la nostalgie perpétuelle, l'égalité opère son grand retour avec l'avènement de la IIIe République. Elle n'avait jamais tout à fait disparu. Sous le Premier Empire, si une hiérarchie sociale stricte se rétablit et si Napoléon tient à créer une nouvelle noblesse et à la marier avec la noblesse d'Ancien Régime, l'épopée militaire donne à chacun une chance de se distinguer et de s'élever – le mythe du bâton de maréchal dans la giberne – et la méritocratie s'impose à travers les concours et les distinctions. Louis-Philippe s'en souvient et Napoléon III ne l'oublie pas.

L'égalité ressuscite cependant en grand principe républicain après 1871. Elle ne s'effacera jamais plus, sauf durant l'État français du maréchal Pétain. Jules Ferry, le gouvernant le plus mémorable de la IIIe République au XIXe siècle, s'écriait : « L'égalité, c'est l'essence même et la légitimité de la société à laquelle nous appartenons. » Maurras, le doctrinaire de l'extrême droite, l'inspirateur de l'Action française, lui répliquera plus tard : « L'égalité ne peut régner qu'en nivelant les libertés. » C'est en effet, poussé au paroxysme, le grand clivage idéologique entre la gauche et la droite qui va traverser à son tour le XXe siècle français : la gauche porte les couleurs de l'égalité, la droite arbore celle des libertés. Cela ne signifie pas que la gauche ne soit pas attachée aux libertés ou que la droite répudie toute forme d'égalité mais c'est une question de priorité : égalité d'abord pour la gauche, libertés avant tout pour la droite, l'extrême gauche bousculant parfois rudement les libertés, et l'extrême droite balayant sans remords l'égalité.

C'est ainsi en tout cas que le veut la mythologie politique. La réalité politique est évidemment, comme toujours, plus subtile et plus complexe. Il n'empêche : l'égalité s'est enracinée depuis la Révolution, de régime en régime, comme la première passion politique française, une passion certes constamment contrariée et contredite mais dominante, seulement surplombée par le sentiment national qui règne au-dessus des sentiments ordinaires. On voit donc la gauche prendre l'initiative et se battre pour l'instauration des grandes lois égalitaires que la droite combat d'abord, puis digère et ratifie. Égalité devant le suffrage universel (masculin d'abord, puis tardivement féminin en 1945, en application des choix du Conseil national de la Résistance mais avec la bénédiction du général de Gaulle qui n'était pas précisément un homme de gauche) ; égalité devant l'enseignement (par étapes successives, parfois à l'initiative de libéraux comme Guizot) ; droits d'expression, de réunion, droits syndicaux (ces derniers ne cessant d'évoluer sans jamais aboutir, même au début du XXIe siècle) ; égalité devant la maladie, peut-être demain devant les conditions de la mort ; égalité progressive et tumultueuse en ce qui concerne les droits de la famille (le mariage pour tous en constituant la plus récente mais à coup sûr pas la dernière épreuve de force) ; égalité formelle sinon tout à fait réelle devant l'impôt et les cotisations sociales, égalité homérique, encore inachevée (l'islam), entre les religions après des épreuves de force multiples, pénibles et traumatisantes, opposant violemment cléricaux et anticléricaux au début du XXe siècle. On pourrait écrire une histoire de la France à travers les trajectoires de l'égalité et ses représentations.

Aujourd'hui encore, pour l'extrême gauche, l'égalité est loin du compte. Trotskistes, communistes et une large fraction des socialistes (voire des radicaux sur les sujets de société) montent toujours à l'assaut pour enlever d'autres bastilles. Leurs forces ont diminué progressivement depuis les années 70 mais ils peuvent encore s'appuyer sur plusieurs appareils syndicaux (CGT, FSU, Solidaires, Sud). Les gouvernements socialistes avancent à pas comptés, la crise économique imposant sa férule, mais ils ne renoncent pas. Chaque année enregistre une prestation égalitaire de plus, au bénéfice des plus démunis, au détriment des plus aisés : en matière médicale par exemple, la CMU (Couverture médicale universelle) du gouvernement Jospin ou le tiers-payant du gouvernement Valls. L'égalité reste, pour les Français en général, pour la gauche en particulier, l'horizon vers lequel il demeure impératif d'avancer.

Bien sûr, il importe de distinguer dans la réalité l'égalité des droits, l'égalité des chances et l'égalité des conditions. L'égalité des droits ne cesse de progresser, l'égalité des chances s'enlise après avoir beaucoup avancé, l'égalité des conditions ressemble de plus en plus à une utopie universelle. On y reviendra. Encore faut-il, avant de s'engager dans cet examen, souligner de nouveau ce qui fait l'originalité française en ce début de XXIe siècle comme à la veille de la Révolution : une allergie particulière aux inégalités, une aspiration spécifique à l'égalité. Cette passion-là a flambé sous la Révolution et a traversé tout le XIXe siècle, parfois dans un cortège de violences, des sans-culottes de 1793 aux communards de 1871, d'ailleurs tous réprimés avec une dureté implacable. Elle a irrigué le Parti communiste, de 1920 à aujourd'hui, avec un impact qui n'est plus ce qu'il fut mais avec une ferveur immuable. Les batailles du PC contre « les trusts », « le capitalisme monopoliste d'État », la « grande bourgeoisie monopoliste », désormais contre « l'oligarchie », sont restées dans les mémoires à travers les figures de Maurice Thorez, de Jacques Duclos ou de Georges Marchais. À certains moments, durant les grèves acharnées de 1947 ou à travers les furieuses campagnes de protestations politiques des années 50, la lutte des classes prenait même une allure menaçante, toujours au nom de l'égalité.

Le déclin du PC n'a cependant marqué en rien le déclin de la passion égalitaire, tant s'en faut. La Révolution culturelle de Mai 68, le phénomène politique français le plus étrange, le plus original et le plus spectaculaire depuis la Libération, ressemble à une variation baroque et rêveuse autour du thème de l'égalité. Derrière la mise en cause brouillonne, parfois surréaliste mais profondément novatrice de toutes les formes d'autorité, c'est la religion de l'égalité qui ressurgissait toujours. La dénonciation des « mandarins », des banquiers, des intellectuels officiels, des hiérarchies politiques et économiques, laïques ou religieuses, constitue en fait, sous les aspects les plus hétéroclites, une même mélopée égalitaire. En 1995, les plus grandes grèves que la France ait connues depuis justement celles de 1968 ont déroulé elles aussi les banderoles de l'égalité, d'où d'ailleurs leur rare popularité malgré les lourdes incommodités imposées à la population. En France, lorsqu'on lève le drapeau de l'égalité, on est suivi par la multitude.

Le XXIe siècle ne commence pas autrement. En 2005, les émeutes des banlieues qui firent flamber tant de voitures et suscitèrent tant de craintes ressuscitèrent la loi de 1955 sur l'état d'urgence face au soulèvement de jeunes des « quartiers », descendants d'immigrés ou pas, qui éprouvaient le sentiment de ne pas trouver leur place dans la société française, rendue impotente par la crise. Tout cela, bien sûr, sur fond de dénonciation des inégalités. La même année, le rejet du référendum constitutionnel européen, en apparence issu de préoccupations si éloignées, a en réalité quelques racines communes avec les émeutes des « quartiers » : le peuple – une fraction du peuple – se soulève symboliquement contre un choix défendu massivement par les élites. En repoussant un texte mystérieux venu d'en haut, pour ne pas dire tombé d'en haut, il s'agit de rappeler à qui appartient la souveraineté : non pas aux plus éclairés mais aux plus égaux. L'égalité politique ne souffre pas d'être engagée malgré elle sur des chemins qu'elle redoute, à tort ou à raison. Elle entend bien demeurer la maîtresse. On peut d'ailleurs rapprocher de cette réaction, sur un autre plan, les avancées successives du Front national. Celles-ci s'expliquent par de nombreux facteurs, on y reviendra (voir chapitres 4, 5 et 6), mais l'un d'entre eux est assurément l'antiélitisme, cette forme classique de l'égalitarisme.

Qu'il y ait chez les Français en général, et point seulement chez les Français de gauche et d'extrême droite, l'instinct de se cabrer devant ce qui leur apparaît comme des symboles de l'inégalité, il suffit encore pour s'en convaincre d'observer leurs réactions lorsqu'en politique un personnage d'importance leur semble incarner la richesse ou la prospérité. Dans notre histoire politique la plus récente, nous en avons notamment trois : Georges Pompidou, Nicolas Sarkozy, Emmanuel Macron. Le premier et le troisième avaient été banquiers chez messieurs de Rothschild, Georges Pompidou dans les années 50, Emmanuel Macron dans les années 2010. Tous deux sont des hommes de grande valeur, l'un collaborateur intime du général de Gaulle, devenu son Premier ministre puis son successeur au palais de l'Élysée, l'autre, collaborateur vedette de François Hollande, puis juvénile ministre de l'Économie en attendant mieux. L'un et l'autre, celui de droite comme celui de gauche, ont renoncé à de très enviables émoluments et à une carrière privée météorique pour servir la République. Ils n'en ont pas moins été accueillis, y compris dans leur propre camp, comme des intrus, déplacés sur la scène politique. Leur fortune, réelle ou mythique, déplaisait et suscitait des préventions. Leur talent les a ensuite rendus populaires mais, faisant figure de riches, ils ont d'abord provoqué un réflexe égalitariste caractérisé.

Sur un registre plus excentrique, Nicolas Sarkozy a très vite été affublé de l'image du « président des riches ». Ses goûts, son entourage, ses manières, les lieux qu'il fréquente ou ceux où il réside l'ont aussitôt catalogué. Une certaine propension à la provocation a fait le reste. Le voilà classé jusqu'à la fin de ses jours comme le prototype du privilégié. Cela ne correspond guère à son itinéraire personnel véritable mais peu importe. Ex-président des riches, il est stigmatisé pour toujours. Les Français n'aiment décidément pas ce qui brille trop et moins encore ce qui rutile.

La question est cependant de savoir si, en pratique, au-delà des images et des mythes, la France est un pays plus égalitaire que les autres, si cette égalité progresse ou s'enlise et comment les Français ressentent cette évolution. Sur le premier point, guère de doute : en matière d'égalité, la France est réellement en flèche. Elle est, à coup sûr, la société la moins capitaliste d'Europe et même la société la plus anticapitaliste d'Europe. Dit autrement, elle est ou elle veut être la nation la plus égalitaire d'Europe. Elle y parvient. Selon l'OIT (Organisation internationale du travail), la France est, avec le Danemark, le pays au monde qui consacre la plus grande part de sa richesse nationale à la protection sociale : 33 % de son produit intérieur brut. Aucune autre nation ne fait plus. Ce chiffre record s'explique en particulier par un accès au système de santé plus complet que partout ailleurs et par le financement largement public des retraites. Nulle part l'accès aux soins n'est aussi complètement ouvert, nulle part la couverture sociale n'est plus large, sécurité sociale et mutuelles incluses. Quant aux retraites, les Français les touchent à la fois plus tôt et plus longtemps que les autres. Selon l'OCDE, les Français perçoivent leurs retraites cinq ans de plus que la moyenne des citoyens des autres pays industriels. Ils quittent leur travail plus tôt et vivent en moyenne plus longtemps.

On peut discuter de l'efficacité du modèle social français, on peut contester sa lourdeur, tourner en ridicule sa lenteur ou ses dérives bureaucratiques, s'interroger même sur son archaïsme, mais s'il y a un point que personne ne peut de bonne foi mettre en doute, c'est sa générosité. En matière d'égalité sociale, certains pays font sans doute mieux, en Scandinavie notamment, mais aucun ne fait autant. Globalement, la France est donc le pays le plus égalitaire. Ceux qui rêvaient sous la Révolution de « Société des Égaux » n'imaginaient certes pas pareil modèle social, mais aucun modèle social ne prolonge si méthodiquement l'esprit de la « Société des Égaux ». Cela passe, chacun le sait, par une fiscalité d'un poids, d'une complexité, d'une exigence, d'une imagination sans pareils. Avec un taux de prélèvements (impôts et cotisations sociales) de 47 %, la France se situe en tête de toutes les nations, très loin devant les pays anglo-saxons, à bonne distance de l'Allemagne et de nos principaux concurrents, à des années-lumière des pays émergents et même devant les pays scandinaves, ces social-démocraties protestantes si férues de morale et d'équité, à la seule exception, toujours, du Danemark. En matière de fiscalité, la France n'a pas vraiment de rivale. Elle est le pays le plus taxé du monde avec une justification, un objectif proclamé : l'égalité au sein de la société. Les impôts et les cotisations sociales tracent dans l'idéologie française le chemin qui mène le plus naturellement à l'idéal égalitaire. La France est, en ce sens, la nation-égalité.

Elle fait d'ailleurs preuve dans ce domaine, notamment à gauche, d'une créativité sans pareille et d'un appétit, voire d'une fringale inextinguible. Il y a cependant une rationalité dans l'inextricable maquis fiscal français. Il s'agit d'abord de frapper et en fait de punir la richesse, ce symbole détestable d'un ordre social toujours trop inégalitaire. En France, on ne recense donc pas moins de cinq impôts différents sur le capital. Le plus connu reste évidemment l'ISF (Impôt sur la fortune), le seul impôt vraiment populaire. Malheur à qui veut le toucher, Édouard Balladur en fit jadis les frais et Jacques Chirac s'est bien gardé d'y revenir. L'impôt sur la fortune, c'est aux yeux des Français l'impôt des riches, la juste punition de l'injustice sociale qu'ils incarnent, en quelque sorte un châtiment républicain. Qu'il constitue un handicap de concurrence (il a pratiquement disparu partout ailleurs en Europe), un contresens économique, et qu'il s'ajoute surtout à quatre autres impôts sur le capital plus légitimes que lui, peu importe. L'ISF est devenu le totem de l'éternelle bataille pour l'égalité. C'est l'impôt des autres, l'impôt des coupables sociaux, la punition la plus équitable, la main de justice.

Il n'a cependant pas le monopole de la singularité française. Plus de la moitié des ménages ne paie pas du tout d'impôt sur le revenu et les 10 % de contribuables les plus aisés acquittent à eux seuls 70 % de l'impôt sur le revenu. Il est vrai que, contrairement à la légende, l'impôt sur le revenu français n'est pas plus cruel que celui de nos voisins. Sa particularité tient au pourcentage record de ceux qui en sont dispensés, ce qui n'est guère civique : l'égalité sociale prend ici le pas sur l'égalité citoyenne. En revanche, la TVA, frappant indistinctement tous les consommateurs, touche proportionnellement plus les revenus les plus faibles. La fiscalité française emprunte souvent des chemins contradictoires, pour ne pas dire ubuesques, afin d'avancer vers l'égalité.

Atteint-elle ses objectifs ? Économiquement, sûrement pas, socialement, sans doute : la part des 1 % les plus riches dans le revenu national, critère suprême de l'inégalité, est de 7,8 % en France contre 8,2 % au Japon, 11,2 % en Allemagne, 12,7 % en Grande-Bretagne et 16,9 % aux États-Unis. En ce sens, la France est effectivement plus égalitaire que les autres, à la seule exception de la Suède. Inversement, le taux de pauvreté calculé par Eurostat apparaît plus limité en France (13,3 %) qu'en Allemagne, (16,7 %), en Grande-Bretagne (15,9 %), en Italie (19,6 %) ou en Espagne (22,2 %). En l'occurrence, la France est de fait plus égalitaire que les autres. Pour caricaturer la situation, on peut dire que la fiscalité française est moins efficace mais plus égalitariste qu'ailleurs. En France, les objectifs politiques l'emportent toujours sur les considérations économiques.

La droite porte d'ailleurs une part significative de responsabilité dans cette affaire mais la gauche se surpasse. Ses parlementaires s'avèrent même incomparables en matière d'imagination fiscale. Chez eux, cela ressemble à un prurit permanent. Les gouvernements de gauche multiplient taxes et prélèvements (le ministère Jospin ayant d'ailleurs été plus sage que les autres) mais députés et sénateurs, surtout députés, en rajoutent sans cesse. N'ayant, dans leur immense majorité, aucune expérience économique concrète, ils font de la taxation punitive leur arme favorite, persuadés en toute bonne foi d'œuvrer pour l'égalité heureuse. Gouvernements et élus rivalisent là-dessus d'ingéniosité.

En particulier, ils plafonnent inlassablement toutes les prestations sociales ou les dégrèvements fiscaux, afin de priver les classes moyennes et, *a fortiori*, les plus privilégiés, d'avantages qu'ils jugent indus dans leur cas. Cela concerne aussi bien des allocations familiales que des aides aux logements des étudiants, ou, bien sûr, les quotients familiaux. Il s'agit sans doute de diminuer les déficits publics mais aussi d'introduire plus d'égalité de revenus et de fortune. D'ailleurs, certains députés ont voulu imposer des salaires maximaux dans les entreprises publiques, quitte à ce que le recrutement de dirigeants de qualité devienne plus difficile, et même dans le secteur privé où cependant la peur du Conseil constitutionnel finit par les arrêter. Il existe en tout cas bel et bien une idéologie de l'égalité fiscale qui, dans les débats, tourne à l'égalitarisme.

Les gouvernements de Jean-Marc Ayrault puis Manuel Valls se sont d'ailleurs particulièrement distingués dans ce domaine. Depuis 2012, impôts, taxes et prélèvements n'ont cessé de croître. Quand, à partir de 2014, le Président a voulu freiner le mouvement, puis a tenté de l'inverser, les résultats ont été maigres. Les 10 % de Français les plus déshérités y ont très légèrement gagné, les 10 % les plus privilégiés y ont beaucoup perdu mais 80 % des contribuables ont au total été pénalisés. Le sentiment de saturation puis de surcharge a été tel que Michel Sapin, pourtant ministre des Finances, a parlé d'« hystérie fiscale » et que Pierre Moscovici, son prédécesseur, a avoué qu'existait un « ras le bol fiscal ». L'égalité fiscale a progressé, l'économie a régressé et la popularité du gouvernement a sombré.

Il serait bien sûr très réducteur de mesurer l'égalité à sa dimension fiscale. La quête française d'égalité se retrouve en réalité dans tous les compartiments de la vie sociale et l'idéologie de l'égalité affleure partout. Elle passe naturellement par les minima sociaux, si compliqués qu'ils tiennent du labyrinthe et découragent même parfois certains de ceux qui pourraient en être les bénéficiaires. Il n'empêche : revenu minimum, allocations multiples, indemnité des chômeurs situent la France nettement au-dessus de la moyenne européenne. Là encore, on débat beaucoup sur leur efficacité économique et même sociale mais on ne peut contester qu'au barème de l'égalité tous ces dispositifs placent la France en tête de la solidarité sociale.

Même constatation en matière d'enseignement : celui-ci n'atteint ses objectifs ni en ce qui concerne l'intégration sociale (illettrisme, décrocheurs, jeunes achevant leur cursus scolaire sans le moindre diplôme) ni en ce qui concerne ses performances académiques, comme le démontrent malheureusement les cruelles statistiques PISA qui comparent les résultats des différents systèmes scolaires. La France y fait, hélas, pâle figure. En revanche, s'il s'agit de respecter les vaches sacrées de l'égalité formelle, la France a incontestablement accompli des pas de géant. En 1950, on comptait 5 % de bacheliers par classe d'âge. En 2015, une forte majorité a accès au précieux parchemin qui permet de postuler, de droit, à l'Université. Tout cela ne conduit en rien, on le verra, à l'égalité réelle, mais quant à l'égalité formelle, elle peut le savourer.

Il faut dire qu'en ce qui concerne l'enseignement, les réformistes sont perpétuellement en minorité et les conservateurs règnent. L'égalitarisme fait ici plus qu'affleurer, il s'impose et même il plastronne. Les responsabilités sont très largement partagées. Le principal syndicat étudiant, l'UNEF, s'oppose absolument à toute sélection à l'entrée à l'Université. C'est une absurdité car la sélection existe déjà en partie dans les faits (de plus en plus) et lorsqu'elle n'existe pas, le taux d'échec consternant devient la norme. Orientation professionnelle et sélection rationnelle vaudraient mille fois mieux : l'égalité formelle s'impose ici au détriment de l'égalité réelle.

Les étudiants de l'UNEF sont malheureusement encouragés dans leurs préjugés par le SNESUP qui regroupe les universitaires de gauche, pour lesquels la sélection constitue un déni social. Une fraction des parents d'élèves partage cette conviction et, pire, la majorité des lycéens et des jeunes aussi. Dans ces conditions, chaque tentative pour instaurer sélection ou professionnalisation, comme d'ailleurs pour créer des contrats jeunes, se heurte à un refus absolu et à une mobilisation rédhibitoire. Bien des gouvernements en ont fait les frais. Il y a là un blocage typiquement français. Au nom de l'égalité, on crée d'irréparables discriminations. Le baccalauréat pour tous ne débouche ni sur une formation pour tous, ni, plus encore, sur un emploi pour tous. Ainsi l'enseignement français n'a-t-il jamais été à la fois aussi égalitaire dans la forme et aussi inégalitaire sur le fond.

On peut trouver encore, cela va de soi, bien des territoires sociaux où l'égalité française a inspiré sa marque. Il serait fastidieux d'en dresser le panorama complet, quelques exemples suffisent. Les femmes ont par exemple atteint un niveau de formation, de diplômes, de compétences, sinon encore de salaires et de responsabilités, qui constitue un grand pas en avant : 59 % des licences universitaires vont aux femmes, 57 % des masters et 45 % des doctorats. C'est ici une autre société qui s'esquisse et la France s'y trouve en bonne place. La discrimination positive mise en œuvre en matière politique (la parité homme/femme des candidats sous peine de lourdes amendes), dans les conseils d'administration (il faudrait en faire autant pour les comités de direction) ou pour les nominations du secteur public produit des effets rapides. En matière de mœurs, les législations évoluent dans un sens égalitaire à une vitesse inimaginable il y a seulement vingt ans.

En ce qui concerne les logements, point faible français, les programmes de rénovation des quartiers difficiles ont mobilisé des sommes gigantesques (47 milliards d'euros pour le plan Borloo 2003-2013) et produit des résultats visibles, sinon encore satisfaisants. L'égalité progresse, même si elle se heurte aux éternels obstacles de l'égalitarisme : ainsi, dès qu'il est question d'introduire une part de salaire au mérite dans la fonction publique, plusieurs syndicats décrètent sur-le-champ la mobilisation générale et menacent d'épreuve de force un pouvoir vite intimidé. Toujours l'égalité formelle. De même, les primes envisagées pour les recteurs d'académie, les avantages testés pour des présidents d'université, et c'est un drame national qui menace. Toucher aux statuts, aux corps, aux indices devient une agression. Si l'on y réfléchit, c'est la Révolution à l'envers. Ce qui devait être détruit en 1789 au nom de l'égalité devient intouchable en 2016 toujours au nom de l'égalité. La France n'est pas mûre pour la méritocratie.

Le culte de l'unité, infusé tout au long de la monarchie, a, par une continuité en apparence paradoxale, pris figure de religion officielle sous la Révolution. La grande historienne Mona Ozouf fait même du « culte de l'Un » le cœur du jacobinisme, et Michelet transforme la « machine jacobine » en creuset unificateur. Ici, la spécificité française de l'État-nation fait sentir tout son poids. L'obsession de l'unité nationale crée de toute évidence un terrain favorable à l'idéologie de l'égalité et même, vestige de la nuit du 4 Août, à la tentation de l'égalitarisme. En témoigne d'ailleurs la propension des Français à se définir tous comme des membres des classes moyennes, même s'ils appartiennent aux catégories les plus aisées ou aux milieux les plus déshérités. Personne ne veut apparaître plus inégal que le voisin.

Pour peser beaucoup plus ici que hors de nos frontières, l'égalité est cependant loin d'apparaître victorieuse ou irrésistible. Elle constitue une idéologie sociale plus qu'une réalité sociale, une vérité relative plus qu'une vérité absolue. L'égalité française est authentique, elle est loin d'être intégrale. Elle constitue une norme, pas un aboutissement. Elle rencontre encore beaucoup d'obstacles sur son chemin et, malgré sa force, continue à en rencontrer peut-être même de plus en plus au fur et à mesure qu'elle progresse. Tout se passe comme si en avançant elle ralentissait inexorablement, comme si ses progrès se heurtaient à des limites de plus en plus infranchissables, comme si l'égalité se dérobait devant les structures de la société, comme si l'égalitarisme inquiétait ou dérangeait plus qu'il ne mobilisait ou encourageait, voire comme si finalement l'égalité était un horizon qui fuit quand on avance et l'égalitarisme une chimère plus dissuasive que séductrice, plus effrayante qu'attirante.

Faut-il des exemples ? Quelques-uns ressemblent à des évidences. Les immigrés sont de plus en plus nombreux en France mais aussi de plus en plus considérés comme une minorité embarrassante et malvenue pour une bonne partie de l'opinion. L'intégration, cette réussite française historique, tourne aujourd'hui à l'échec. Les immigrés connaissent un taux de chômage double de la moyenne nationale, alors même qu'ils abandonnent souvent leur pays d'origine pour trouver du travail. Ils occupent les emplois les moins qualifiés, ils touchent les salaires les plus faibles. Ils habitent les quartiers les plus déshérités où leur concentration entraîne des tensions avec les populations locales. Leurs enfants, les garçons surtout, connaissent plus d'échecs scolaires que les autres, faute d'un environnement culturel et familial adapté. Ils obtiennent une moindre qualification professionnelle. On parle souvent pour les élèves en difficulté de « décrocheurs ». Ici, c'est une minorité entière qui se sent décrochée, parfois exclue, souvent stigmatisée. La question religieuse – l'islam, sous ses formes intégristes – ne simplifie rien. Très peu de musulmans ont des tentations suffisamment extrémistes pour déboucher sur des actes de violence, mais toute leur communauté est devenue suspecte depuis les attentats. Pire : les plus méfiants à leur égard, les plus hostiles même, sont les Français les plus modestes dont la condition sociale est la plus proche de la leur, ceux qui cohabitent avec eux dans les banlieues pauvres. Le statut réel des immigrés en France a peu de choses à voir avec le principe d'égalité.

On peut en dire autant des chômeurs. Ils sont en métropole en moyenne 10 % depuis plus de vingt ans. Ils constituent eux aussi une minorité non pas abandonnée mais marginalisée et solitaire. Le risque du chômage est étroitement corrélé au niveau d'éducation et de qualification professionnelle : moins de 5 % pour les cadres, plus de 15 % pour les ouvriers non qualifiés. Certains pays, en Scandinavie notamment, ont imaginé des systèmes de formation qui leur permettent de retrouver du travail. D'autres États développent le travail précaire ou les « petits boulots ». La France se spécialise dans une politique coûteuse et déprimante d'assistanat avec, jusqu'ici, fort peu de formations efficaces. Les chômeurs, eux aussi, provoquent l'hostilité de leurs voisins, issus du même milieu et qui s'impatientent, parfois enragent de les voir toucher des prestations sociales jugées trop proches de leur propre salaire. Ainsi une catégorie sociale devient-elle réprouvée, au grand dam de toute prétention égalitaire. Ces deux minorités, immigrés et chômeurs, qui se confondent partiellement, relativisent cruellement l'idéologie de l'égalité. On pourrait d'ailleurs en dire autant des familles monoparentales, si souvent enlisées dans une logique d'assistance et d'isolement.

Autre entorse de taille, bien connue elle aussi, aux nobles principes d'égalité : l'enseignement. Il a toujours constitué le cœur même de la culture républicaine, l'instrument naturel de l'intégration, de la socialisation, de la circulation sociale, de la promotion sociale. Il passait pour le vecteur de l'égalité par excellence, pour sa condition, son préalable, son atout maître. Condorcet s'écriait déjà : « L'instruction doit être universelle. » Manifestement, elle ne l'est toujours pas. Toutes les études qui se succèdent, françaises, européennes, internationales aboutissent à la même conclusion : l'éducation, l'enseignement ne sont plus le vecteur naturel de la promotion sociale ni même les garants de l'égalité des chances. On incrimine la pédagogie scolaire, l'excès de notes, de classements, de compétitions, d'individualismes au détriment de l'apprentissage, de la coopération, du travail en commun, du dialogue, de l'initiative. On forme des forts en thème plus qu'on ne facilite l'éclosion des personnalités. On donne la priorité à la discipline sur l'encouragement. Le tiers des élèves se sent mal à l'aise, inadapté et même injustement traité. C'est apparemment l'avis d'une proportion au moins équivalente des parents. Le climat est devenu anxiogène. En tout cas, les statistiques sont déprimantes et les classements comparatifs consternants. La démocratisation régresse et l'équité s'éloigne.

Selon une étude de la Fondation Bertelsmann portant sur les vingt-huit pays membres de l'Union européenne, la France se situe à la vingt-sixième place en ce qui concerne la réussite scolaire des enfants d'origine sociale modeste. Le système éducatif français privilégie les élèves les plus brillants et les milieux les plus aisés. Les collèges comptent 41 % d'élèves issus de familles défavorisées, les classes préparatoires aux grandes écoles en recensent 11 %. De même, 62 % des enfants de cadres obtiennent un diplôme d'études supérieures contre 31 % des enfants d'ouvriers. En revanche, 90 % des enfants d'enseignants accèdent à l'enseignement supérieur, record absolu. À la fin du CM2 (cours moyen deuxième année), quatre écoliers sur dix présentent de graves lacunes. À 15 ans, 20 % des élèves maîtrisent mal l'écrit. L'égalité est ici un leurre. Performant pour les meilleurs élèves, le système est devenu impitoyable pour les moins doués, les moins préparés ou les moins entourés.

D'autres inégalités éducatives sont moins connues mais cependant impressionnantes : chez les 25-34 ans, on compte 6,6 % de non-diplômés dans le Finistère mais 23 % en Seine-Saint-Denis, un pourcentage presque quadruple. L'environnement culturel et l'intégration sociale font la différence. En revanche, chacun le sait et les enquêtes abondent, les Franciliens sont massivement surreprésentés dans les grandes écoles, en particulier à l'ENA et à Polytechnique. En France, l'inégalité scolaire prospère et s'accroît dès l'école maternelle et jusqu'aux institutions les plus prestigieuses. De Louis-Philippe à Valéry Giscard d'Estaing, l'enseignement a formé, intégré et promu. L'égalité des droits progressait vers l'égalité des chances. Depuis les années 70, c'est l'inverse. L'égalité des chances régresse, même si de grands efforts financiers et pédagogiques sont consentis en faveur de l'égalité des droits. Les réformes successives ne sont manifestement pas à la hauteur des problèmes. Le pays le plus égalitaire concède ainsi une énorme inégalité croissante. L'Éducation nationale française est foncièrement élitiste. Malgré elle mais élitiste.

Bien d'autres formes d'inégalités s'accentuent elles aussi : inégalités économiques, sociales et culturelles massives entre Paris et la province, entre l'Île-de-France et les régions et, de plus en plus, entre les métropoles qui se dilatent et les bourgs ou les petites villes qui déclinent et s'isolent. Inégalités encore entre secteur public protégé par de lourds boucliers et secteur privé offert à toutes les flèches de la concurrence avec, cela va de soi, des inégalités spécifiques. Dans les trois fonctions publiques, les corps, les statuts, les concours règnent en maîtres, corsetant les carrières du début à la fin. Dans le secteur privé, la France se distingue par une autre aberration : l'apprentissage y régresse, contre tout bon sens. Quant aux dirigeants de ses grandes entreprises, au lieu d'être issus de la firme par promotion interne comme en Allemagne à 66 % ou comme en Grande-Bretagne à 51 %, dans l'Hexagone ils viennent de l'extérieur à 79 %. À l'étranger, on privilégie l'expérience, dans notre pays on se prosterne devant les diplômes. Trop souvent dans l'Hexagone la vie est écrite à vingt-cinq ans au lieu de se construire en un demi-siècle. Pauvre Babeuf !

En France, la noblesse d'État, selon l'expression fameuse de Bourdieu, passe toujours la première. Les hauts fonctionnaires essaiment victorieusement dans le secteur privé avec parfois de grands succès, mais au pays de l'égalité, les catégories dirigeantes sont plus étroites et plus fermées qu'ailleurs. Pire, elles rétrécissent, avec un taux d'endogamie, donc de reproduction sociale, plus élevé et qui s'accentue encore. La France se veut un pays de plus en plus égalitaire mais elle est menée par une classe dirigeante de plus en plus exiguë. Un système aristocratique dans un pays qui se veut et se croit plébéien. La France aime l'égalité, flirte parfois avec l'égalitarisme mais est bien loin d'imposer ses principes dans tous les domaines. Avec l'enracinement de la crise depuis les années 70, le principe souverain d'égalité connaît une pratique de plus en plus défaillante.

Comment les Français réagissent-ils à une situation qui contredit ainsi toute une tradition historique ? D'abord en s'en prenant de plus en plus violemment aux élites. C'est le thème à la mode, la dénonciation la plus populaire, l'argument le mieux accueilli. Tout le monde l'emploie, l'extrême gauche et l'extrême droite qui s'en font un point commun et dont c'est l'une des spécialités, les polémistes qui s'en repaissent, les syndicats pour mieux accabler les patrons et même les partis de gouvernement afin de se défausser. Ce n'est d'ailleurs pas une nouveauté. Dans le passé, à chaque changement de régime, on mettait en joue les élites. À chaque nouvelle

Constitution correspondait un brusque renouvellement de la classe dirigeante : politiques, hauts fonctionnaires, officiers généraux, préfets, hauts magistrats, on changeait les têtes. Ce fut le cas depuis 1789 sous chaque monarque ou sous chaque République. Dans l'histoire récente, les élites furent accablées, dénoncées, parfois arrêtées et traduites devant la justice, en 1940 puis en 1944. 1958 marqua encore, plus pacifiquement, un profond renouvellement, comme 1974, plus discrètement. 1981 fut une nouvelle révolution des élites. De régime en régime, de majorité en majorité, les élites françaises ont toujours été mal aimées. S'il est un point sur lequel toutes les oppositions politiques, syndicales, sociales et même religieuses s'accordent, c'est bien celui-ci : les élites, voilà l'ennemi !

La France n'a certes pas le monopole de cette vindicte : « l'oligarchie », le « système », la « caste », ce sont les thèmes récurrents et les cibles préférées de tous les mouvements extrémistes, de tous les pays en crise. Dans le nôtre, c'est cependant une tradition particulièrement bien ancrée, exceptionnellement populaire. Est-ce justifié pour autant ? Les élites françaises, on l'a déjà relevé, sont assurément trop fermées sur elles-mêmes malgré la mondialisation, trop dominées aussi par l'hégémonie des grands corps de l'État, pour le coup une spécialité française, par leur emprise non seulement sur l'Administration et les entreprises publiques mais sur le cœur du secteur privé, médias compris. Au XXIe siècle, on fait des élites les responsables et plus encore les coupables de tous les malheurs du temps.

On peut remarquer cependant que dans les phases de prospérité, par exemple les Trente Glorieuses, personne ne félicite les élites, mais qu'en période de crise, par exemple les Trente Piteuses, tout le monde les condamne et les rejette. Il est vrai que certaines erreurs peuvent leur être imputées (mais pas le contresens économique de 1981-1983). Les demi-mesures qui caractérisent les politiques des gouvernements de gauche et de droite tiennent en revanche au blocage des organisations syndicales protestataires et, plus encore, à l'hostilité de l'opinion publique, c'est-à-dire des Français eux-mêmes face à des réformes qui seraient nécessaires mais qui sont douloureuses. Au bout du compte, la faute en est cependant attribuée aux élites, présumées arrogantes, myopes et inefficaces, donc illégitimes. Là-dessus, il existe un véritable consensus français, preuve en tout cas que les élites sont incapables de s'expliquer et de se faire comprendre, conséquence vraisemblable de leur fonctionnement en circuit fermé, de leur entre-soi, échec en somme trop répétitif pour ne pas être en partie justifié. L'antiélitisme est la forme française la plus banale et la mieux acceptée de l'égalitarisme.

Témoignage aussi de la profonde insatisfaction des Français devant l'enlisement partiel de l'égalité et de leur violente rancœur face à « ceux d'en haut », ces élites qui ne les écoutent pas, ne les comprennent pas et surtout ne les protègent pas. Comme en Grèce, comme en Espagne, comme en Italie et dans les pays de l'Est, comme dans tous les pays en crise violente, les citoyens ne se contentent pas de vilipender leurs gouvernants, ils étendent leur courroux et leur ressentiment à tous les puissants, à tous les influents, à tous les importants qu'ils englobent dans une réprobation générale – voire dans un rejet général. Les élites ? Toutes coupables aux yeux des opinions des pays qui souffrent. Égoïstes, insensibles, scandaleuses même.

Aux chefs d'entreprise, on reproche les dérives spectaculaires et provocatrices, traitements faramineux, retraites chapeaux, stock-options munificentes, bonus théâtraux, indemnités de départ royales. Inutile de rétorquer que c'est l'effet de la loi du marché, la conséquence de l'internationalisation de la concurrence, et que cela ne concerne que quelques centaines, au plus quelques milliers de personnes. Pour les Français, c'est une rupture d'égalité et, en période de crise, quand la moitié de la population souffre et que l'autre moitié redoute d'être touchée, un défi. Le principe d'égalité et les sommets de la mondialisation appartiennent à deux univers différents et incapables de se comprendre. L'idéologie française est antimondialiste et l'idéologie mondialiste est antiégalitaire. Dans ces conditions, les élites économiques et le peuple sont condamnés à ne pas pouvoir communiquer. On ne vit pas dans le même monde, on vit à peine dans le même siècle, comme deux autistes parallèles.

Même chose s'agissant des élites politiques, administratives et d'ailleurs médiatiques, toutes rejetées d'un même cœur et d'un même élan, toutes confondues et ostracisées, toutes condamnées pour ne pas savoir empêcher la crise, toutes déclarées coupables de transgresser le principe d'égalité sans même être capables d'améliorer ainsi la situation. Populistes, extrême gauche, extrême droite, ambitieux des partis de gouvernement, voire candidats virtuels ou réels à l'élection présidentielle, tous dressent les plus terribles réquisitoires contre la trahison des élites politiques, d'autant plus fort et d'autant plus haut que beaucoup lui appartiennent pleinement.

Aux élites politiques, administratives et médiatiques, on reproche leurs privilèges – terrible critique au pays de l'égalité –, leur notoriété et parfois leur popularité, leurs pouvoirs et leurs cumuls, leur argent – même modeste au regard de celui des élites économiques –, et surtout leurs échecs. C'est « la caste » dans son ensemble qui est condamnée sans rémission. Elle l'est d'autant plus que sa composante politique, élue par le suffrage universel, est censée être incorruptible et fidèle à ses engagements, qu'elle dépend directement des citoyens procureurs. Les autres passent pour complices. Tous pâtissent des « affaires » qui flétrissent et déconsidèrent globalement les élites. Il ne s'agit que de crimes individuels, en rien d'un comportement collectif ? Aucune importance. Chaque fois qu'éclate une bombe Cahuzac, une résurgence Tapie, un scandale Bygmalion, ce sont toutes les élites politiques qui sont méprisées et haïes.

À chaque échec gouvernemental, à chaque augmentation du nombre des chômeurs, à chaque nouvelle taxe ou nouvel impôt, c'est toute la classe politique, élargie aux hauts fonctionnaires et aux symboles des médias, dont on exècre l'impuissance, dont on déplore la faiblesse. Le principe d'égalité fait en permanence des élites de présumées coupables. En période de crise, surtout si longue, surtout si complexe, la condamnation tombe comme un couperet : l'élite est par nature inégalitaire, par vocation coupable et par destination sacrifiable. Si l'on adhère, comme le font sincèrement et même passionnément les Français, au principe d'égalité, les élites deviennent, le plus naturellement du monde, les boucs émissaires. C'est le prix nécessaire de leurs privilèges, la juste compensation au fait qu'en regardant dans les jardins des élites on y trouve forcément plus de fleurs qu'ailleurs. La démocratie, l'exigence morale et la jalousie instinctive se liguent alors pour les clouer au pilori.

La France est donc à la fois le pays pour lequel l'égalité compte le plus et le pays où le sentiment d'inégalité est le plus élevé. Près de huit Français sur dix pensent la société de plus en plus injuste. En 2013, 87 % jugent que les inégalités ont augmenté au cours des cinq dernières années et 83 % qu'elles vont continuer à le faire dans les années à venir. La majorité des Français (52 %) pense qu'on ne peut pas arriver au sommet sans être corrompu. Aux États-Unis ou en Grande-Bretagne, ils ne sont que 20 % à partager ce sentiment. Il y a donc en France une crise de l'égalité qui s'ajoute à toutes les autres formes de la crise, une perception de l'inégalité sociale plus sombre qu'ailleurs.

La France est devenue, comme l'avait annoncé Alain Peyrefitte, une société de défiance. La valeur clé d'égalité y est remise en cause, plus qu'avant et plus qu'ailleurs. Des réalités matérielles y poussent mais elles ne sont pas plus lourdes en France que dans les autres pays qui réagissent pourtant moins violemment. La perception de l'inégalité est plus intense dans l'Hexagone parce que l'égalité y est un facteur culturel plus central qu'ailleurs, que l'égalitarisme affleure souvent sous la recherche de l'égalité et que les élites françaises sont plus coupées du peuple que ne le sont les élites des pays voisins. Pour prendre un dernier exemple, jamais depuis l'instauration de la IIIe République la composition du Parlement n'a aussi peu ressemblé à celle de l'électorat. Pas un ouvrier à l'Assemblée nationale, très peu d'employés, mais en revanche une marée de fonctionnaires et de membres des classes moyennes salariées. Il s'agit en somme d'une représentation non représentative. Cela ne suffit certes pas à expliquer l'intensité du sentiment d'inégalité mais cela l'entretient et l'accentue. Le paradoxe français est qu'il existe actuellement une sorte de déviation élitiste au sein d'un système profondément égalitaire, que de ce fait égalitarisme et élitisme menacent de conserve et qu'un sentiment de profonde insatisfaction se développe sans cesse. Le sociologue Pierre Rosanvallon se demandait récemment « comment être égaux et singuliers, égaux et différents, égaux sous certains rapports et inégaux sous d'autres ? ». On peut *a fortiori* s'interroger : comment être à la fois de plus en plus égalitaire et de plus en plus élitiste ? Comment rester égalitaire sans devenir égalitariste ? Comment éviter les sœurs siamoises funestes que sont la démagogie populaire et l'arrogance élitaire ?

4

Le nationalisme

Le nationalisme est de retour et ce n'est pas une bonne nouvelle. Depuis des siècles, il a dévasté l'Europe, ruiné des pays entiers, souvent à plusieurs reprises, persécuté et massacré leurs populations. Il a dressé les nations les unes contre les autres, incité ou contraint leurs peuples à s'entre-regarder comme des ennemis héréditaires. Des États, il a fait des machines tyranniques. Des religions, il a fait des forces oppressives. Des langues et des cultures, il a fait des facteurs de guerre. Partout où il s'est imposé, cela n'a été que crimes et dévastations. Le nationalisme, c'est peut-être la figure contemporaine du Mal, la forme moderne de l'Enfer de Dante. Une pulsion de mort.

Après la Deuxième Guerre mondiale, sur les champs des décombres des cités et les stigmates des camps de concentration, on a tenté de bâtir une Europe apaisée et fraternelle, fondée sur la démocratie, la paix et la prospérité. C'était une belle utopie, une entreprise idéaliste sans précédent – l'union volontaire de peuples au sein d'un ensemble intégré –, l'envers des Empires autoritaires et violents de jadis. Ce fut, avec peut-être l'écologie, l'idée neuve la plus marquante de l'après-guerre. Elle a d'abord franchi de nombreuses étapes et arraché bien des réussites, parfois imprudentes, comme le trop vaste et trop rapide élargissement après l'effondrement de l'Empire soviétique. Elle a stabilisé le Vieux Continent, répandu la démocratie, élevé sensiblement le niveau de vie, semé les graines d'un fédéralisme solidaire. Et puis, elle s'est enlisée dans la crise. Elle a reculé devant le retour impitoyable et funeste des égoïsmes nationaux. Elle a paré au plus pressé – les crises bancaires, financières, et monétaires – mais elle a négligé la dimension politique et démocratique sans laquelle il n'y a plus de légitimité.

Elle avait été populaire en Europe de l'Ouest et même mythique en Europe de l'Est. Elle a déçu. Elle a perdu son âme. Elle s'est laissé grignoter, contester, caricaturer, calomnier. À chacun de ses reculs, le nationalisme a progressé, à chacun de ses échecs, le nationalisme a pavoisé. Aujourd'hui, l'Europe est clairement contestée par l'éternelle revanche des particularismes. Le patriotisme, allié logique de l'Europe, se dégrade une fois de plus en nationalisme, ennemi farouche de l'Europe. Une chance historique – la fin des guerres, des dictatures, des oppressions, des misères – est peut-être manquée, en tout cas en péril de l'être. L'Europe est frappée de désamour, les nationalismes affleurent et émergent de nouveau au sein de tous les États qui la composent. Pire, la France, marraine historique de l'Europe, est aujourd'hui l'une des plus frappées par la résurgence du nationalisme. C'est au sein de l'Hexagone (et de la Grande-Bretagne ou de l'Autriche) qu'il obtient ses victoires les plus spectaculaires, c'est au sein de l'Hexagone que l'Europe est née et risque aujourd'hui de périr. Jamais dans l'histoire de la France le nationalisme n'a été aussi puissant qu'il l'est aujourd'hui. Jamais en Europe il n'a accumulé autant de succès depuis la fin de la Deuxième Guerre mondiale. Une fois de plus on le vérifie : en politique, l'expérience ne compte pas.

Bien sûr, il ne s'agit pas de confondre nationalisme, chauvinisme et patriotisme. On connaît la formule du grand romancier Romain Gary : « Le patriotisme, c'est aimer les siens, le nationalisme, c'est détester les autres. » Elle résume l'essentiel. Le patriotisme, c'est l'amour de son pays, le désir de le servir et de l'honorer, un sentiment national positif, constructif, nécessaire et par-dessus tout naturel. Chaque pays possède son patriotisme avec sa volonté d'indépendance, son désir de marquer, la communauté nationale qu'il incarne, la solidarité qu'il implique, l'Histoire, la culture, l'ambition qu'il porte. Il peut prendre selon les circonstances des formes bien différentes : volonté d'émancipation nationale pour les peuples asservis, résistance aux agressions de l'extérieur pour tous, vocation de jouer un rôle international pour certains, capacité d'entraînement et d'influence pour d'autres, prestige culturel, historique ou religieux pour quelques-uns. Il peut être tantôt civil et tantôt militaire, tantôt défensif et tantôt offensif, tantôt épanoui et conquérant, tantôt inquiet ou revanchard. Il est guetté en permanence par le chauvinisme que Pierre Larousse, dans l'édition de 1874 de son *Grand Dictionnaire universel*, définissait comme « une préférence aveugle et exclusive pour tout ce qui est propre à la nation à laquelle on appartient ». Le chauvinisme est une exagération, une dilatation, une caricature. Question de degré, de style et de climat. Le chauvinisme est un patriotisme boursouflé, une dérive cocardière.

Le nationalisme, c'est tout autre chose. C'est une hostilité de principe à tout ce qui vient de l'extérieur, c'est une agressivité perpétuelle vis-à-vis des autres pays, c'est un rejet de l'étranger, un refus de l'immigré, une volonté de se barricader, de se claquemurer, c'est un entre-soi vindicatif, c'est une passion ombrageuse, exclusive pour les siens ou plutôt pour ceux des siens qui partagent la violence de ces sentiments. C'est un feu dévorant qui s'emballe, qui menace d'embraser la nation, d'incendier les confins. Le nationalisme, c'est un antagonisme perpétuel, une paranoïa politique qui dans l'Histoire a déclenché des centaines de guerres. L'écrivain Amin Maalouf a remarqué ironiquement : « N'est-ce pas la vertu première du nationalisme que de trouver pour chaque problème un coupable plutôt qu'une solution ? »

Le nationalisme peut revêtir néanmoins les formes les plus diverses. Il peut être impérialiste, comme ce fut le cas de tant de nations européennes – Angleterre, Espagne, Portugal, Allemagne, Pays-Bas, Danemark, Russie – dont la France, et comme c'est encore aujourd'hui par exemple le cas de la Russie, toujours tentée de mettre la main sur le territoire de ses voisins. Il peut se colorer de religion, comme pour certains pays chrétiens orthodoxes autocéphales, telle la Grèce, ou comme pour les États constituant l'ex-Yougoslavie qui, afin de mieux s'entretuer, brandirent des drapeaux catholiques, musulmans ou orthodoxes les uns contre les autres. Il peut être de revanche, comme le nationalisme français après que la patrie fut amputée de l'Alsace-Lorraine en 1871. Il peut être de conquête, comme ce fut si souvent le cas pour dessiner de force des frontières nouvelles au sein de l'Europe.

Il est toujours menaçant et souvent belliciste, toujours excessif et généralement martial. Aujourd'hui, en Europe, il revêt des formes politiques et non pas militaires, même s'il a déclenché la guerre dans les Balkans et s'il entretient la violence au Caucase ou en Ukraine. Depuis vingt ans il ne cesse d'avancer, d'élections en élections, par la passion et non plus par la force mais toujours en brandissant l'étendard de l'égoïsme, de la fureur, de l'animosité, de l'intolérance, de l'amertume. Et il gagne partout : chaque semaine, on vote en Europe, chaque semaine un nationalisme s'affirme.

En Hongrie, il est même au pouvoir et il tient avec brutalité les rênes du gouvernement sous la conduite de Viktor Orbán. En Slovaquie il gronde, en Roumanie il menace. En Pologne, il vient de reconquérir la majorité à la Diète et déjà il cherche à imposer un nouvel autoritarisme à Varsovie, prenant ostensiblement ses distances avec Bruxelles. Dans les pays scandinaves si sages, si modernes, si prospères, il progresse, participe à l'Exécutif, fait constamment pression sur le Parlement et impose une politique anti-immigration plus que circonspecte vis-à-vis des institutions européennes. Dans les pays baltes, la crainte des appétits russes entretient un climat tendu. En Hollande, pays ouvert s'il en est, puissance maritime traditionnelle, les nationalistes remportent succès sur succès, dénonçant l'islam et vilipendant l'Union européenne dont les Pays-Bas furent pourtant membres fondateurs. En Belgique, la Flandre vire de plus en plus au nationalisme ouvert jusqu'à menacer le Royaume de sécession.

En Italie, le démagogue Beppe Grillo milite pour la sortie de l'euro et de l'Union. La Ligue du Nord s'affiche de plus en plus antieuropéenne. En Espagne, la Catalogne rêve d'indépendance et incarne un nationalisme d'émancipation et de rupture. Au Royaume-Uni, enfin et surtout, le nationalisme a fait brutalement campagne pour la sortie de l'Europe avec le succès que l'on sait. L'UKIP l'emporte, les conservateurs sont déchirés, les travaillistes se sont divisés et les Britanniques se sont scindés en deux blocs de taille équivalente. Une sortie de la Grande-Bretagne de l'Europe en a résulté, alors qu'ironiquement l'Écosse affiche déjà la volonté de reprendre son indépendance et de rester dans l'Union. Le départ de la Grande-Bretagne constitue un échec et un affront pour l'Europe. Il coûtera horriblement cher au Royaume-Uni qui ne pourra plus espérer peser sur le Continent, il affaiblira la City au bénéfice de Francfort et peut-être de Paris, mais il comportera surtout un risque de contagion, de surenchère, donc de dislocation de l'Union elle-même. Il s'agit certes de l'hypothèse la plus noire mais nul ne peut plus l'exclure. Quelles que soient les suites du référendum britannique, il existe malheureusement une certitude : l'Union européenne ne cesse de s'affaiblir, l'espérance fédérale s'éclipse, le renforcement nécessaire de la zone euro piétine. Le seul véritable vainqueur de la phase actuelle s'appelle le nationalisme.

Or ce qui est vrai à l'échelle européenne apparaît encore plus vrai à l'échelle française. Jamais l'idée européenne n'y a été plus faible depuis la fin de la Deuxième Guerre mondiale, jamais le nationalisme n'y a été plus fort depuis qu'il est mesuré par le suffrage universel. Certes, la France a déjà connu nombre de fièvres nationalistes dans le passé avec la Révolution et l'Empire, avec la défaite de 1870 et l'approche de la Première Guerre mondiale, avec les années 30 et la fin de la IVe République, mais à aucun moment un parti nationaliste n'avait pu conquérir la première place, *a fortiori* en période de paix, sans aucune revendication territoriale. Les succès électoraux du Front national sont donc sans précédent. Un parti nationaliste d'extrême droite vole de victoire en victoire, sans violence physique, en respectant la loi et le cadre républicain. Le constat n'en est que plus inquiétant. La France est aujourd'hui le pays européen où le nationalisme progresse le plus avec l'Autriche et la Grande-Bretagne. Mais à leur différence, elle a été à l'origine de l'Europe. Elle fut le moteur, elle devient le frein. Elle retombe dans ses travers.

Ce n'est certes pas une première. Ici comme ailleurs, le patriotisme s'est souvent coloré de chauvinisme et le chauvinisme a plus d'une fois viré au nationalisme.

Le patriotisme français n'a jamais manqué d'ardeur et de vigueur. Il remonte à loin, puisque la France est l'État-nation le plus ancien d'Europe. Il s'est toujours nourri d'un culte ombrageux de l'unité, sous la monarchie comme sous la république. La langue y a tenu une grande place, puisque dès l'ordonnance de Villers-Cotterêts, en 1559, le français est devenu la langue obligatoire pour tous les actes officiels. Le territoire aussi, bien qu'il ait trouvé assez tôt par rapport à la plupart des autres pays ses frontières quasi définitives. Sa spécificité est qu'il se définit cependant avant tout par sa culture, par ses valeurs, par sa mémoire, par son patrimoine moral et intellectuel. C'est ce qu'exprime Renan dans sa célèbre conférence à la Sorbonne en 1882, lorsqu'il s'écrie : « Une nation est une âme, un principe spirituel [...] Un plébiscite de tous les jours. » Façon délibérée de le distinguer du patriotisme allemand de l'époque qui revendiquait la race et la langue. On peut encore citer, dans le même esprit, la belle formule de Fustel de Coulanges : une nation est « une communauté d'idées, d'affections, de souvenirs et d'espérances ». Outre la religion de l'unité, propre à l'État-nation, le patriotisme français se différencie également par son ambition, par sa vocation d'être porteur de valeurs universelles. Sur ce dernier point, il se rapproche d'ailleurs du patriotisme américain. Tous deux se veulent à la fois nationaux par l'inspiration et mondiaux par un message en quelque sorte prophétique ou messianique. Si ce n'est pas d'une grande modestie, c'est d'une belle ambition.

Quoi qu'il en soit, à chaque période de tension, de crise, de guerre, le patriotisme tricolore tourne promptement au nationalisme. Il n'en porte pas moins des couleurs politiques bien différentes selon les époques. On peut dire que le nationalisme sous sa forme moderne est né à gauche avec la Révolution, y est resté jusqu'à la fin du XIXe siècle, puis a viré à droite avec l'aventure du général Boulanger, l'affaire Dreyfus, la bataille de la laïcité, l'idéologie de la Revanche, pour finalement basculer à l'extrême droite durant les années 30 et y demeurer jusqu'à aujourd'hui.

Il faut bien sûr nuancer ce triptyque trop cavalier. Sous l'Ancien Régime, plus la France s'identifiait à ses rois et plus, en période de guerre, Dieu sait qu'elles n'ont pas manqué, le patriotisme se teintait de nationalisme légitimiste. Sous sa forme idéologique, consciente, organisée, celui-ci date cependant de la Révolution et de la République. Il campe alors à gauche. Il imprègne cependant l'ensemble de la population sous le Premier Empire. Le nationalisme de gauche comportera d'ailleurs toujours une dimension bonapartiste ambiguë. Sous Louis-Philippe, on parle aussi de « monarchie nationale ».

Symétriquement, si aujourd'hui le nationalisme français est profondément ancré à l'extrême droite, on en trouve encore des traces à gauche et à l'extrême gauche durant la Résistance : la lecture des tracts et des journaux clandestins communistes de 1941 à 1945 mène au-delà du chauvinisme, comme pour compenser la phase 1940-1941. Actuellement encore, un Jean-Luc Mélenchon dans son *Hareng de Bismarck*, sous-titré sans équivoque « Le poison allemand », part en guerre contre « l'impérialisme à casque de pointe », contre le modèle allemand, contre le ton allemand et même contre « la grosse bagnole » et le « made in Germany ». Difficile de ne pas y voir une forme du nationalisme français à l'ancienne.

De même, lorsque sous l'influence de ses conseillers Pierre Juillet et Marie-France Garaud, Jacques Chirac lance, en décembre 1978, son Appel de Cochin (hôpital où il a été hospitalisé à la suite d'un accident de voiture), son vocabulaire ne trompe pas. Il écrit : « Comme toujours quand il s'agit de l'abaissement de la France, le parti de l'étranger est à l'œuvre, avec sa voix paisible et rassurante. Français, ne l'écoutez pas. » Celui qu'il vise ainsi directement s'appelle Valéry Giscard d'Estaing et est alors président de la République, mais on jurerait Maurras insultant un chef de gouvernement de la IIIe République aux abois.

Aucun régime, aucun parti, aucune famille politique, aucune sensibilité religieuse, aucun milieu social n'a donc le monopole du nationalisme français. Reste que, d'époque en époque, sauf sans doute durant l'Union nationale de la guerre de 14-18, le nationalisme français penche successivement franchement à gauche durant un siècle (1789-1889), puis à droite et très à droite jusqu'aux années 30, soit une quarantaine d'années, et que depuis bientôt un autre siècle (années 30 à aujourd'hui), il s'est installé à l'extrême droite mais déborde parfois vers la droite et connaît quelques résurgences à l'extrême gauche où l'on demeure russophile et germanophobe.

Qu'avec la Révolution le patriotisme moderne naisse à gauche et se métamorphose promptement en nationalisme, cela ne fait aucun doute. Tout l'y pousse : la coalition des monarchies traditionnelles contre la jeune république, les partisans de la royauté contre les sans-culottes, l'Église catholique contre le nouveau régime qui l'agresse. Dans ces conditions, le nationalisme de gauche surgit très vite. Il est à la fois défensif – contre l'Europe conjurée – et offensif : la Révolution veut porter ses valeurs et ses convictions bien au-delà de ses provinces. Une France qui se veut à la fois exemplaire et missionnaire. Exemplaire, elle ne l'est pas, tant la violence la submerge. Missionnaire, elle l'est d'abord par le verbe et l'écrit mais bientôt par le feu et la mitraille. La Déclaration des droits de l'homme et du citoyen séduit les esprits libres de l'Europe mais affole les cours des monarchies. En France, c'est dès 1792 « la panique nationale », la « levée en masse », le terrible « salut public ». Les révolutionnaires ne sont pas des tendres. Malheur aux ennemis de la patrie. Le grand Carnot lui-même, « l'Organisateur de la victoire », préconise de « haïr ou mépriser l'ennemi » et de « l'exterminer jusqu'au dernier ». Il faut conquérir les frontières nationales, envahir, occuper, piller. Vive la nation devient aussitôt vive le nationalisme. Les valeurs universelles s'exportent alors à coups de canon.

Avec le Consulat et l'Empire, le patriotisme resplendit mais le nationalisme porte la France de Moscou à Gibraltar. L'épopée transfigure le régime et le militarise. Le peuple adule l'Empereur mais compte ses morts. Les Aigles traversent l'Europe, le nationalisme récolte la gloire et sème le deuil. Il campe toujours à gauche, il se teinte de bonapartisme. L'invasion de 1814 le colore encore plus. La Restauration mène le combat contre le « patriotisme jacobin », cocarde blanche contre cocarde tricolore. Les révolutions de 1830 et 1848 entretiennent la flamme chez les républicains. Les insurgés qui chassent Charles X sont appelés « les patriotes », et Louis-Philippe a combattu à Valmy et Jemmapes. Il fait revenir en grande pompe les cendres de l'Empereur. Le Second Empire ressuscite le nationalisme autoritaire, belliciste (la Crimée, l'Italie, le Mexique) mais toujours populaire, paysan, plébéien. L'effondrement de Sedan et la nouvelle invasion provoquent un fort sursaut républicain. La gauche, toujours elle, veut continuer le combat que la droite abandonne. La IIIe République installée, le nationalisme continue. Avec Jules Ferry, on enseigne à l'école un patriotisme militant. Les plus grands historiens veulent réformer, relever, ressusciter la France. Chez les républicains, la principale divergence oppose bientôt les partisans de la colonisation qui veulent restaurer la « grandeur nationale » et réaliser « une œuvre d'humanité et de progrès » pour dispenser les bienfaits d'une « civilisation supérieure » à ceux, comme Clemenceau, qui rétorquent sèchement « mon patriotisme est en France ». La fracture durera jusqu'à la Ve République et divisera le camp progressiste. Pendant un siècle, le nationalisme a néanmoins penché incontestablement à gauche.

Il va passer à droite sous le coup des scandales financiers, de la crise économique – toujours si propice au nationalisme avec sa recherche de boucs émissaires –, des divisions de la gauche et du boulangisme. Le beau général séduit d'abord à gauche puis bascule progressivement à droite. Il est au début républicain et follement populaire, cela plaît au camp progressiste, Clemenceau en tête. Avec les succès électoraux, le « général Revanche », c'est son surnom, rêve d'une République consulaire, agit à l'extrême limite de la loi avant de s'effondrer. Entre-temps, il a trouvé à droite, sur un registre toujours nationaliste, les appuis qu'il a perdus à gauche. C'est à ce moment-là que le nationalisme français change de rive. La gauche devient doublement embarrassée par la question nationale. La politique coloniale la déchire, le pacifisme et l'internationalisme qui émergent progressivement chez les socialistes vont éloigner de lui les nationalistes. Ceux-ci deviennent de plus en plus nombreux sur des thèmes de plus en plus polémiques et violents, à droite et à l'extrême droite.

En fait, jusqu'en 1914, trois nationalismes français coexistent : un nationalisme de gauche persistant qui se veut universaliste, qui peut être colonialiste, qui se fonde sur des valeurs culturelles positives et optimistes ; un nationalisme de droite dominant – il devient alors la principale branche du nationalisme français – qui célèbre la grandeur passée de la France, appelle à la revanche et à la reconquête de l'Alsace-Lorraine, glorifie l'armée, défend bec et ongles l'Église catholique. Il invoque, comme on dit alors plaisamment, « l'alliance du sabre et du goupillon ». Il est passionnément antidreyfusard, se mobilise contre la loi de séparation de l'Église et de l'État, est ulcéré par les provocations successives du Kaiser (Tanger, Agadir). En fait, il est par-dessus tout militariste, belliciste, revanchard, colonialiste, évidemment archipatriote.

Et puis émerge alors un troisième nationalisme, d'extrême droite celui-là, farouchement antisémite et xénophobe, antiparlementaire et antilibéral, toujours prêt à manifester, à faire le coup de poing, à brandir des cannes et des matraques, à défier la République. Il organise des Ligues, c'est son originalité durable (Ligue des patriotes, Ligue antisémite, Ligue de l'Action française, Ligue de la Patrie française). Il a ses pamphlétaires, ses tribuns, ses chefs de file (Déroulède, Drumont, Lemaître), ses journaux. La moitié de l'Académie française navigue alors entre nationalisme de droite et d'extrême droite. Derrière la figure dominante de Maurice Barrès, prince de la nostalgie (la terre et les morts...), chantre du réarmement et de la reconquête, traditionaliste mélancolique et défenseur intraitable de l'état-major, on trouve un Paul Bourget, mais aussi, avec plus de relief et d'indépendance mais non moins de déclinisme furieux et de patriotisme outragé, un Charles Péguy qui, s'adressant aux Français, « fils de vaincus, nés dans un peuple de vaincus », oppose « la race chevaleresque » tricolore à la « race des dominateurs » germanique. On est dans l'invective et dans l'outrance. On le reste durant la guerre où les trois nationalismes se ressoudent. Péguy a trouvé la mort sur le front, dès septembre 1914, durant la première bataille de la Marne.

Après la victoire, le nationalisme continue sous les couleurs de la droite qui gouverne (la Chambre bleu horizon) et de l'extrême droite qui éructe. Le nationalisme de gauche, lui, s'efface largement, éclipsé par l'internationalisme (naissance du PC en 1920), mal à l'aise face à la gestion de la paix et à la question des réparations. Le nationalisme gouvernemental (Poincaré), lui, n'a pas d'états d'âme mais pas davantage de lucidité. Son intransigeance, sa myopie déséquilibrent l'Europe, nourrissant à son tour des sentiments d'injustice et de revanche chez les vaincus, préparant ainsi involontairement la montée des extrémismes. Le nationalisme gouvernemental fait preuve jusqu'au tournant des années 30 d'un aveuglement qui ruine la victoire des alliés.

De toute façon, avec les années 30, c'est le nationalisme d'extrême droite qui, en France comme ailleurs, prend le dessus. On en connaît désormais les caractéristiques : les Ligues (elles se multiplient à cette époque, de l'Action française aux Francistes de Bucard, des Jeunesses patriotes aux Camelots du roi, du Parti populaire français de Doriot aux Faisceaux français) avec, plus traditionalistes et plus légalistes, les Croix de Feu du colonel de La Rocque. Une presse puissante financée par de riches mécènes les défend. Des intellectuels brillants les appuient. La figure de proue s'appelle maintenant Charles Maurras, un érudit savant, un styliste raffiné, xénophobe assumé, antisémite doctrinaire, monarchiste anachronique et logicien redoutable qui répand avec autorité des idées de haine et de vengeance. Autour de lui et de l'Action française, malgré la condamnation pontificale, Jacques Bainville, remarquable historien autodidacte, polémiste enragé, ou Léon Daudet, polémiste furieux, plume assassine. Les Ligues, leurs inspirateurs et leurs financiers créent un climat de violence et de tension antiparlementaire, antirépublicain, raciste et cocardier facilité – toujours – par la grande crise économique et par une instabilité gouvernementale caricaturale. Cela s'achève en bain de sang le 6 février 1934. Dissolutions, poursuites, procès, invectives. Le Front populaire l'emporte, les régimes d'extrême droite cernent la France (Allemagne, Italie, Espagne). On ne parle plus de nationalisme de gauche, on n'entend plus le nationalisme de droite : celle-ci, dans sa majorité, est tentée en politique étrangère par « l'apaisement ».

Quand survient la débâcle militaire et que la IIIe République s'effondre, c'est l'heure de la revanche qui sonne pour le nationalisme d'extrême droite. Le maréchal Pétain prend le pouvoir et crée l'État français. Charles Maurras parle de « divine surprise ». C'est au contraire pour le nationalisme d'extrême droite un triomphe mortel. En l'emportant, il se perd. La Révolution nationale du vieux maréchal n'a de révolution que le mot et de national que l'adjectif. Elle sombre dans la collaboration et le nationalisme d'extrême droite s'y noie irrémédiablement. À la Libération, ses responsables sont pourchassés, jugés et condamnés notamment, c'est tout un symbole, à « l'indignité nationale ». Ils entraînent avec eux militants et écrivains (ces derniers impitoyablement châtiés) dans leur chute. C'est la fin.

Durant l'Occupation, on a certes compté des nationalistes de toutes tendances parmi les résistants ou chez les Français libres du général de Gaulle. Une minorité intrépide, parfois venue de l'extrême droite, qui n'empêche pas la ruine et le déshonneur de cette branche du nationalisme. Le nationalisme de gauche, lui, a fugitivement réapparu pendant cette époque pour s'éclipser dès le début de la IVe République avec les guerres coloniales et la guerre froide. On en trouvera certes des sédiments à la SFIO et chez les radicaux, lors de la piteuse équipée de Suez ou du rejet de la CED (Communauté européenne de défense), *a fortiori* quand éclate la guerre d'Algérie – mais il s'agit alors d'un nationalisme implicite et fragmentaire. Ce qui reste du nationalisme jusqu'au milieu des années 60, on le trouve plutôt, sous une forme tempérée, chez les gaullistes. Ce n'est plus ici une idéologie : plutôt la composante d'un tempérament. Ce n'est pas un nationalisme d'extrême droite mais de droite. Ce n'est d'ailleurs ni le nationalisme de toute la droite ni seulement un nationalisme.

Il y a certes du barrésien chez le général de Gaulle, la lecture de ses superbes *Mémoires de guerre* en convainc aisément. L'homme de la France libre fut aussi un lecteur assidu et critique de l'Action française. Ce ne fut cependant jamais sa seule inspiration. Il y a également du chrétien social chez le fondateur de la Ve République, une tentation consulaire, une culture militaire. Sa politique étrangère ne peut pas se réduire à un nationalisme étroit ni même à un nationalisme ouvert. Comment expliquer autrement la décolonisation qu'il mène à grande allure, même si la fin de l'Empire le meurtrit ? Comment comprendre l'euro-réalisme dont il fait maintes fois la preuve, même s'il ne s'agit évidemment dans son esprit (voir ses confidences à Alain Peyrefitte dans *C'était de Gaulle*) que de la poursuite d'une ambition nationale par d'autres chemins ? Comment justifier autrement son tiers-mondisme et l'emblématique discours de Phnom Penh, cet appel au non-alignement et à la solidarité des nations du tiers-monde ?

Certes, le général de Gaulle est aussi un souverainiste qui, en chaque occasion, déploie son goût et son choix de l'indépendance. Ses célèbres conférences de presse en sont le théâtre régulier et ses grands discours l'illustrent. Dès qu'il s'agit de se différencier des États-Unis, de se distinguer des « Anglo-Saxons », il ne manque jamais d'inspiration. Son retrait spectaculaire de l'Organisation militaire de l'OTAN, son refus à deux reprises de la candidature britannique à l'Europe en témoignent également. Le tonitruant « Vive le Québec libre », qui fait l'effet d'un coup de tonnerre diplomatique, en constitue un autre exemple. Sa volonté d'entretenir des relations amicales avec l'URSS – il préférait dire « La Russie », ne voulant connaître, disait-il, que les nations et non pas les régimes – en offre encore une autre illustration. La politique soigneusement mise en scène de la « chaise vide » à Bruxelles pour forcer la main de ses partenaires va dans le même sens. Charles de Gaulle ne plaisante pas avec l'indépendance – d'où son obsession de mettre sur pied la force de dissuasion nucléaire –, qu'il s'agisse des choix de fond, des rites ou des symboles. Sur ce plan, il est pleinement barrésien. Il correspond d'ailleurs admirablement au rêve de l'auteur de *La Colline inspirée* qui, comme nombre de ses contemporains, laissait son imagination en appeler à un homme providentiel, à un grand soldat, au sauveur épique d'une nation éplorée.

Difficile néanmoins de réduire le gaullisme à un nationalisme traditionaliste quand on se remémore la façon inflexible avec laquelle il a conçu et mené l'indépendance de l'Algérie, par la ruse et la force, par le mensonge et par l'éclat. De Gaulle a profondément souffert de devoir amputer la France des départements algériens. Toute sa culture, tout son tempérament s'y opposaient. Son réalisme, ce qu'il considérait comme l'intérêt supérieur du pays, comme une nécessité inéluctable lui ont fait passer outre. Il a jeté tout son prestige et toute son autorité dans la balance afin de procéder à une séparation qui le déchirait et, sans doute, l'humiliait au fond de lui-même. Il y avait une étrange ironie de l'Histoire, une cruauté du destin à ce que le grand homme qui avait par deux fois relevé la France, en 1940 et en 1958, ce patriote viscéral nourri de la légende française, soit celui qui devait démembrer définitivement l'Empire et opérer la sanglante séparation entre l'Algérie et la France. Ces amputations-là étaient d'un homme d'État lucide, implacable et stoïque mais certes pas d'un nationaliste classique. D'ailleurs, comme en expiation de ce qui n'était pas une faute mais un sacrifice, il a dû combattre contre des partisans de l'Algérie française et des nostalgiques de l'Empire qui tentèrent de l'assassiner à plusieurs reprises et menèrent des combats terroristes d'arrière-garde aussi violents qu'inutiles. Ce fut la lutte d'un patriote impitoyable contre des nationalistes égarés.

En réalité, s'il faut trouver chez le général de Gaulle des traces évidentes de nationalisme, c'est beaucoup moins sous la Ve République qu'il faut les chercher qu'avec le RPF (Rassemblement du peuple français) qu'il avait créé après son départ hautain et fracassant du pouvoir en 1946. Nationaliste, Charles de Gaulle l'a été beaucoup plus sous la IVe République que sous la Ve, dans l'opposition qu'au pouvoir. Car le RPF, ce rassemblement qui refusait d'être un parti et employait des méthodes qui ressemblaient parfois à celles des Ligues, le RPF arborait sans l'avouer des couleurs nationalistes. Appel réitéré au peuple contre « le système », propagande plébiscitaire, culte idolâtre du chef, révisionnisme proclamé – à ses yeux, l'urgence était de changer les institutions –, antiparlementarisme virulent, on était bien dans le sillage de la droite nationaliste. D'ailleurs, vite effrayés, démocrates-chrétiens et radicaux se hâtèrent de quitter ce mouvement au sein duquel ils s'étaient risqués.

Les choix politiques du RPF, souverainement arrêtés par le seul Général, allaient dans le même sens : campagne en faveur d'une république présidentielle, vives critiques du

Pacte atlantique, antiaméricanisme affleurant, refus catégorique de la CED, c'est-à-dire d'une armée européenne, par ce qui restait des troupes gaullistes clairsemées au Parlement, surenchère colonialiste. Le gaullisme d'opposition n'annonçait pas le gaullisme de gouvernement. Le gaullisme de la IVe République ne ressemblait pas au gaullisme de la Ve République. Contrairement à l'immense majorité des hommes de gouvernement, de Gaulle était plus grand lorsqu'il exerçait le pouvoir que quand il cherchait à le conquérir. Les circonstances et la suite de son retour à la tête de la France en 1958 l'ont confirmé. Le prétendant était inquiétant, le monarque fut majestueux. On pouvait sans contradiction craindre le premier et admirer le second. Le nationalisme de droite est donc mort avec l'avènement de la Ve République, même si l'on peut en trouver des séquelles chez les souverainistes, aux confins de la droite parlementaire. En revanche, le nationalisme d'extrême droite, lui, prospère comme jamais et pèse plus qu'il ne l'avait fait dans l'Histoire. En 2016, le voici à la première place.

Le nationalisme d'extrême droite ressemble en effet à une implacable marée montante. Jean-Marie Le Pen avait créé la surprise et le choc le 21 avril 2002 en atteignant 16,86 % des suffrages exprimés, se qualifiant ainsi pour le second tour de l'élection présidentielle. Marine Le Pen, elle, étonnait à peine en rassemblant 17,9 % des votes le 22 avril 2012. Le Front national a au contraire impressionné en arrivant en tête des élections européennes en 2014 avec 25 % des voix puis en récidivant en 2015 avec 28,6 % au premier tour des élections régionales, devant les républicains et le Parti socialiste. Le nationalisme d'extrême droite est devenu la première force politique française. Les sondages démontrent qu'il ne s'agit plus d'un simple vote protestataire, mais d'un vote d'adhésion aux idées que porte le FN et qu'incarne Marine Le Pen. Les optimistes se rassurent en constatant que jusqu'ici le fameux « plafond de verre », ce refus d'une majorité de citoyens de laisser gagner le nationalisme populiste, tient toujours solidement et qu'au second tour le Front national ne parvient pas à s'imposer. Reste, si l'on est réaliste, à constater qu'à chaque élection il est de plus en plus près du succès. Désormais, on ne peut plus écarter l'hypothèse d'une victoire du nationalisme, une perspective sans précédent dans notre histoire politique. Toute l'Europe a d'ailleurs les yeux fixés sur Paris avec inquiétude. Derrière le visage de Marianne, le profil de Marine Le Pen se devine.

La question est évidemment de savoir comment cela a pu se produire et de se demander s'il existe une réplique. Comment le patriotisme, cette vertu républicaine, a pu tourner au nationalisme, ce vice maquillé de tricolore ? Pourquoi aucun gouvernement, aucun président n'a pu trouver de parade durable ? Qu'arrive-t-il à cette France qui croyait être le berceau de la démocratie ? Le diagnostic est naturellement plus facile à établir que la thérapeutique et plus aisé à détailler après coup qu'à anticiper. Pour que se produise une forte poussée nationaliste comme celle-ci, il faut en fait que convergent une crise économique profonde, un dérèglement politique manifeste, une cause extérieure clairement identifiable et une personnalité charismatique. Nous y sommes.

En 1974, Jean-Marie Le Pen a obtenu 0,74 % à l'élection présidentielle. Le nationalisme d'extrême droite semblait mort et enterré dans les décombres de l'Algérie française. Dix ans plus tard, en 1984, il opère un retour tonitruant. Aux élections européennes du 17 juin, le FN obtient à la surprise générale 11 % des voix. Lors d'une série d'élections municipales partielles, il réussit une percée comparable. À la télévision, Jean-Marie Le Pen, invité pour la première fois à une grande émission, « L'Heure de vérité », déclenche un énorme phénomène de curiosité, culbute l'audimat et s'installe aussitôt comme la star transgressive du petit écran. La crise économique s'est enracinée, la croissance chute brutalement cette année-là. Le chômage affole les populations. François Mitterrand vient d'inverser sa politique économique, d'instaurer la rigueur, c'est-à-dire, en bon français, l'austérité. Un million de Français descendent dans la rue pour défendre l'enseignement privé, la plus grosse manifestation depuis 1968. Le président du Front national axe sa propagande sur le thème « La France aux Français ». Les quatre conditions pour une forte poussée nationaliste sont bien réunies : un fort sentiment de dérèglement économique, une brutale déception politique, un bouc émissaire tout trouvé, l'immigré, et un tribun phénoménal, Jean-Marie Le Pen, violent, démagogue, pittoresque, cultivant le scandale avec concupiscence. Le nationalisme d'extrême droite est ressuscité.

Depuis, il s'est enraciné, renforcé, respectabilisé. Cela ne s'est pas fait de façon continue, plutôt sous la forme d'une ligne brisée que d'une ligne droite, mais cela va jusqu'à tangenter aujourd'hui les 30 % de voix. Le nationalisme de Marine Le Pen n'est plus tout à fait celui de son père. Son ressort demeure essentiellement la xénophobie, la dénonciation obsessionnelle de l'immigré, la haine de l'Europe et le rejet de la mondialisation. Les quatre facteurs classiques se sont spectaculairement rassemblés. La crise économique est devenue permanente avec son triste cortège de chômeurs, d'assistés, de précaires, de déclassés, d'anxieux. En 2015, le chômage a augmenté pour la huitième année de suite et atteint son plus haut niveau depuis 2002. Ceux qui ne sont pas frappés redoutent de l'être. Une bonne partie de la France populaire se divise entre victimes du chômage et sursitaires craignant le licenciement. Chez ceux que le syndrome du chômage épargne, le poids de la fiscalité exaspère. La conscience d'une crise économique violente et durable obsède les Français qui constatent que les choses vont mieux en Allemagne ou en Grande-Bretagne. Le poids de la crise est devenu ainsi le terreau naturel du nationalisme, comme d'ailleurs à l'époque du boulangisme des années 30. La peur du chômage, la stagnation ou l'érosion du pouvoir d'achat forment l'humus de l'extrémisme. Ce pilier-là du nationalisme d'extrême droite ne cesse de se fortifier. Il s'assombrit encore avec un sentiment d'abandon, d'isolement, d'aigreur et de ressentiment qui se développe dans les petites villes de province et dans les campagnes. L'impression d'être devenus des laissés-pour-compte de la société domine de ce côté-là. Le Front national en joue méthodiquement, alimentant une campagne corrosive sur le thème des oubliés, des offensés et des sacrifiés.

Deuxième pilier, le plus emblématique, le plus spécifique aussi : la xénophobie. Elle est le ressort même du nationalisme. Avec Marine Le Pen, la cible s'est déplacée mais les tirs restent aussi violents. La présidente du FN évite attentivement tout dérapage antisémite, contrairement à son père qui les multipliait. En revanche, l'immigré, le musulman, devient l'ennemi perpétuel. À chaque meeting du FN, on scande « On est chez nous », « Les musulmans dehors ». En décembre 2015 à Nîmes, Marine Le Pen s'est écriée : « Face aux djihadistes nous n'avons pas d'autre choix que de gagner cette guerre. Si nous échouons le totalitarisme islamiste prendra le pouvoir dans notre pays [...] la charia remplacera notre Constitution, l'islam radical se substituera à nos lois [...] nos bâtiments seront détruits...

La musique prohibée... Ce sera l'épuration religieuse avec son cortège d'horreurs. » Tout y est : l'identification entre immigrés musulmans, islam radical et djihadisme. C'est un discours de haine et de violence qui s'exprime. Il est prononcé l'année où la France, par deux fois, a été la victime d'attentats djihadistes sanglants. C'est aussi l'année où une pression migratoire spectaculaire, venue du Moyen-Orient, a déferlé en Europe. Le flux a en réalité contourné la France qui passe de plus en plus pour un pays hostile aux immigrés. Marine Le Pen n'en a pas moins agité frénétiquement durant sa campagne régionale le thème de l'invasion et même de la submersion. Les circonstances s'y prêtaient, l'amalgame est une méthode classique du nationalisme. Marine Le Pen reprend les techniques mêmes des Déroulède. Elles fonctionnent toujours. Si en 2015 le Front national a progressé de trois points des élections départementales de mars aux élections régionales de décembre, il ne faut pas en chercher la cause ailleurs. Les nationalistes du XIXe et du XXe siècle haïssaient les Juifs. Pour les nationalistes français du XXIe siècle, le musulman, voilà l'ennemi.

Marine Le Pen a cependant, comme son père avant elle, une autre cible qu'elle ne se lasse pas de viser : l'Europe. Le FN a mis à son programme la sortie de l'euro et la plupart des mesures économiques et sociales qu'il préconise sont totalement incompatibles avec les règles et même avec les traités européens : barrières douanières, fiscalité et prestations sociales discriminatoires, rétablissement des frontières, suppression de la libre circulation... On en reviendrait à la France d'avant l'Europe. Elle l'assume pleinement. Pour elle, il y a les « patriotes » et les « mondialisés », dans son esprit les masses et les élites. Elle joue d'ailleurs avec habileté de l'aversion française pour la mondialisation – une particularité hexagonale –, de la peur de l'Europe, de la crainte d'être dépouillé de la souveraineté et avec elle de toute protection. Elle se situe clairement au cœur de l'idéologie des frontières, elle ramasse le drapeau du protectionnisme abandonné depuis un demi-siècle et elle l'agite résolument. Elle cultive la nostalgie, la religion du passé, le mythe de l'âge d'or. Elle ne craint aucun archaïsme, aucun anachronisme car elle constate que dans les catégories sociales les plus exposées – jeunes, ouvriers, employés –, cela fonctionne à merveille.

Il y a dans le nationalisme d'extrême droite un talent particulier pour exploiter les ressources sans fin de l'imaginaire, du fantasmatique et même du conspirationnisme. Le nationalisme voit des complots partout, des mensonges partout, des censures partout et, bien sûr, des manœuvres obscures qui le visent. Cette paranoïa obtient de grands succès car en période de crise la crédulité et l'irrationalité fleurissent, bien aidées aujourd'hui par les réseaux sociaux et par Internet qui les relaient et les amplifient.

Du talent, cependant, Marine Le Pen n'en manque pas. Elle accuse beaucoup, elle ment beaucoup, elle calomnie beaucoup, elle manipule beaucoup mais elle s'avère particulièrement douée pour cela. Elle est de l'école de Catherine de Médicis. Excellente oratrice, dans un registre guerrier et pompier mais entraînant et haut en couleur, débatteur redoutable, avec un culot prodigieux, une argumentation blindée, des formules à l'emporte-pièce, des raisonnements simplistes mais efficaces. Elle possède incontestablement le charisme nécessaire. Elle est aujourd'hui la personnalité la plus brillamment démagogique de France.

Elle bénéficie de surcroît, c'est le quatrième pilier, de circonstances politiques qui la servent particulièrement. Les Français sont en effet excédés par des alternances successives qui leur paraissent plus stériles les unes que les autres. Le jeu des partis les indigne, la politique politicienne les assomme, les scandales leur donnent la nausée. Ils croient que personne ne joue franc-jeu, que les socialistes ne sont plus socialistes, que les libéraux ne sont pas encore libéraux, que les communistes n'ont plus de projet et que les centristes se dispersent en désordre. Alors, elle ramasse les morceaux et elle emploie en chaque occasion un argument primitif mais puissant : n'ayant jamais gouverné, le nationalisme est le seul à n'être pas compromis par les échecs, les reniements et les turpitudes. En matière de turpitudes, le FN et la famille Le Pen auraient pourtant beaucoup à se reprocher mais l'argument tombe sur-le-champ : pour ses partisans, ce ne sont que mensonges et acharnement. Marine Le Pen s'avance vêtue de probité candide et de lin blanc. Elle combat en treillis mais pour les nationalistes elle est immaculée.

Elle a d'ailleurs gagné la bataille médiatique, notamment celle de l'information continue. Outre qu'elle et ses principaux lieutenants sont devenus les coqueluches incontournables des médias audiovisuels, sa voix porte plus haut que celle des autres : elle parle simple, elle accuse les puissants, elle désigne les élites à la vindicte populaire, elle porte avec robustesse tous les griefs, toutes les revendications, toutes les peurs des Français. Elle joue à merveille de la crise d'identité. Rien d'étonnant à cela, c'est la vocation même du nationalisme. La crise d'identité française constitue le tremplin naturel de Marine Le Pen.

Cela ne signifie évidemment pas que son ascension soit devenue irrésistible. 70 % des Français refusent qu'elle devienne la première femme président de la République. Son image personnelle reste mauvaise et les citoyens ne lui prêtent pas l'envergure d'un chef d'État. Elle n'a jamais eu l'occasion de faire ses preuves et ses aptitudes restent donc énigmatiques. Sa violence et sa brutalité inquiètent, son programme trouble notamment les cadres qui ont une culture économique plus solide que les autres et les seniors, comme on dit désormais, qui ont plus de mémoire et d'expérience que leurs cadets, se rappelant que, dans le passé, les nationalistes ont fait beaucoup plus de dégâts qu'ils n'ont accompli de prouesses. Bref, si sur le terrain protestataire elle éclipse tout le monde, sur le terrain du pouvoir elle manque beaucoup d'arguments à faire valoir. Cependant, on ne peut plus tout à fait exclure, si le mécontentement enflait encore, qu'elle puisse être victorieuse sans même avoir besoin de paraître présidentiable. À un certain stade de colère ou de ressentiment, tout devient parfois possible.

D'ailleurs, tant que la situation économique ne s'améliorera pas, elle fera des adeptes. La séduction du nationalisme est indexée sur la croissance et sur l'emploi. Si la croissance reprend, si le chômage recule, le nationalisme pâlira. Il a besoin du pessimisme et du déclinisme. Il faut que la France aille très mal pour que le nationalisme aille très bien. Reste que nul ne s'attend à un miracle économique avant l'élection présidentielle. De même est-il impératif que la question de l'immigration soit, pour élever une digue face à l'extrême droite, traitée avec humanité, dans le respect des normes républicaines mais sans candeur ni angélisme. L'exemple de Calais est l'illustration même de ce qu'il faut empêcher, faute de quoi la propagande frontiste continuera à être relayée quotidiennement par la télévision.

Ce qui conduit à l'essentiel. Face au nationalisme, l'Europe doit absolument apparaître comme une chance et non pas comme un risque ou, pire, comme une contrainte. La montée des nationalismes à travers toute l'Europe le prouve assez. Le référendum britannique peut être l'occasion d'un ressaisissement. Il en impose la nécessité. L'Europe a un besoin urgent de se simplifier, de s'alléger, de se concentrer sur l'essentiel : mobiliser ses immenses moyens pour stimuler la croissance, harmoniser la fiscalité des entreprises, au moins au sein de la zone euro, développer une politique spectaculaire au bénéfice de la jeunesse, organiser un débat démocratique public, transparent, constant, faute de quoi l'Union fera paradoxalement le lit des nationalismes, à commencer par le nationalisme français.

Et puis, c'est le cœur de tout, face au nationalisme, il faut dresser le patriotisme. Cela n'a rien d'une utopie, on l'a perçu aussi bien le 7 janvier que le 13 novembre 2015. Ces jours-là, jours de deuil, de chagrin et de colère contre l'inhumanité des attentats, les Français ont résolument réagi en patriotes. Manifestations pacifiques immenses, mobilisations pour aider les victimes et secourir les blessés, respect et émotion durant les cérémonies officielles, autorités de l'État accomplissant leurs tâches si rudes de manière irréprochable, adhésion de l'opinion à ce climat d'unité : c'était la France patriote. Non pas chauvine, non pas frileuse mais déterminée et solidaire. C'est le seul chemin possible face au nationalisme, l'unité nationale dans les épreuves.

Bien sûr, l'émotion retombée, les clivages sont vite réapparus et les manœuvres ont recommencé. Il ne s'agit d'ailleurs pas d'effacer artificiellement les frontières politiques, religieuses, sociales ou syndicales. La République ne peut pas se défendre au détriment de la démocratie, donc du pluralisme et même des divisions. En revanche, on mesure à ces occasions à quel point le patriotisme a besoin d'affirmation, d'incarnation. Non pas contre l'Europe mais parallèlement à elle. Non pas contre la mondialisation mais en prouvant comment en tirer bénéfice, comme nos voisins l'ont fait. Non pas en effaçant les clivages entre la gauche et la droite mais en démontrant que sur quelques sujets essentiels les intérêts communs doivent être mis en avant et revendiqués. Le sentiment national surplombe aisément les frontières partisanes. Il ne peut être mobilisé que sur les plus grands sujets – la sécurité de la France, son rôle en Europe et dans le monde, l'affirmation de ses valeurs et, si possible, le partage de quelques réformes majeures. C'est ce qui s'appelle l'exercice du patriotisme, c'est ce qui peut faire reculer le nationalisme. Le monde entier en croit la France capable, comme l'ont illustré les marques exceptionnelles de solidarité de tous les pays de la planète face aux attentats. Aucune autre nation n'avait suscité pareil élan. Cela signifie que la France parle toujours au monde, qu'elle incarne quelque chose de spécifique, de particulier. Si le monde entier le croit, pourquoi les Français ne le croiraient-ils et ne le voudraient-ils pas ?

5

Le conservatisme

La France est conservatrice, ce n'est pas là son moindre défaut. Elle aime la nouveauté mais elle a peur du changement. Elle est sensible à la mode, aux humeurs du moment, elle se pique de têtes nouvelles et d'idées inédites. Elle ne se refuse pas aux novations culturelles ou sociétales, bien au contraire. Romantisme, naturalisme, symbolisme, surréalisme, existentialisme, structuralisme, s'il s'agit d'être à la pointe d'une école littéraire ou philosophique naissante, elle se montre toujours disponible et même empressée. La transgression ne lui fait pas peur. Impressionnisme, cubisme, fauvisme, elle aime être le théâtre des ruptures et des bifurcations, surtout si cela se produit dans le bruit et dans la fureur. La polémique lui convient et un brin de snobisme intellectuel ne lui fait pas peur.

En politique aussi, elle connaît toutes les révoltes, elle accueille toutes les révolutions, plus qu'une autre nation. Les Lumières françaises ont illuminé l'Europe. 1789, 1830, 1848 ont ébranlé tout le Vieux Continent. Paris a hébergé presque autant de doctrines socialistes ou marxistes qu'elle compte de variétés de fromages. En 1914, la France était en république depuis près d'un demi-siècle quand la quasi-totalité du reste de l'Europe vivait encore en monarchie.

Le Front populaire a vaillamment dissoné au milieu des dictatures qui s'échafaudaient à nos frontières. Mai 68 a pris ici une ampleur et une ambition qu'il n'a atteint ou même approché dans aucun autre pays au monde où pourtant le mouvement essaimait. La France est progressiste.

Mais c'est parce qu'elle est foncièrement conservatrice. Sous le voile mordoré des idées neuves, on distingue aisément la masse et la trame des résistances conservatrices. La droite est ici au pouvoir plus souvent et plus durablement que la gauche. Si toute la droite n'est pas conservatrice, les conservateurs y représentent cependant le grand nombre. D'ailleurs, on y reviendra, les conservateurs règnent bien au-delà de la droite. Ils investissent une large partie de la gauche, ils entravent l'économie, ils imprègnent la société. Ce n'est pas un paradoxe de soutenir que si la France a connu tant de soulèvements et de changements de régimes, tant de rébellions et de déchirements, tant de grandes grèves et de furieuses controverses, c'est parce que le poids du conservatisme bloquait les évolutions nécessaires. C'est le syndrome de Turgot : la conscience de réformes indispensables se heurte à de puissantes résistances, on écarte le gêneur et bientôt c'est la Révolution qui éclate. La France fonctionne comme un moteur à explosion parce que ses freins restent bloqués. Son progressisme brille et scintille mais son conservatisme domine et règne.

Au lendemain de ses rébellions, il se produit d'ailleurs le plus souvent de fortes réactions autoritaires, l'Empire après la Révolution, la Chambre introuvable après les Cent-Jours, le prince-président après la révolution de 1848, la république de Monsieur Thiers après la Commune, Vichy après le Front populaire, le raz-de-marée conservateur après Mai 68, Jacques Chirac après François Mitterrand, à deux reprises (1986 et 1995), l'irruption du

Front national après chaque gouvernement de gauche, d'autant plus violente que le gouvernement a duré plus longtemps. On peut certes trouver des exceptions, un réformisme sortant d'une crise (le souple Louis-Philippe après le raide Charles X), mais la norme française indique bien la direction opposée : le conservatisme gouverne ordinairement, et, lorsque éclate une révolte, celle-ci est suivie d'une forte réaction. En somme, le conservatisme dirige ou se venge. Politiquement toujours, socialement ou économiquement bien souvent.

C'est bien pourquoi la France s'enlise depuis si longtemps dans la crise. Celle-ci a commencé en 1973, il y a quarante-trois ans, et elle se poursuit depuis sous diverses formes. Elle a connu des rémissions, des accélérations, des transformations, elle a parfois hésité mais toujours, hélas, elle a rebondi. Aucune autre crise économique n'a duré aussi longtemps depuis le Moyen Âge. Beaucoup d'autres pays, aussi touchés et blessés que le nôtre, ont fait des choix, consenti des sacrifices et trouvé des solutions. La France, malheureusement, parce qu'elle est avant tout conservatrice, s'en tient toujours à des demi-mesures. Elle est même la République des demi-mesures. Du coup, la crise tantôt s'y atténue et tantôt redouble mais sans jamais disparaître.

Les États-Unis, aussi frappés que nous, ont su réagir avec leur vitalité habituelle, brutalement mais efficacement. La Grande-Bretagne a, comme toujours, été stoïque et l'Allemagne, disciplinée. Elles se sont infligé de rudes purges et ne l'ont pas regretté. L'Espagne sinistrée a traversé des drames dont elle émerge. Ici, la crise a eu la main lourde, plus insistante qu'ailleurs, mais la protection sociale a loyalement joué son rôle. La crise frappe, la crise pèse, la crise n'est pas contenue mais la crise ne prend pas le dessus.

Rien d'étonnant : le conservatisme protège mais le conservatisme entrave. Il évite le pire, il entretient le mal. La société souffre, elle ne se disloque pas. De gauche comme de droite, huit alternances se sont succédé en quarante-deux ans : les gouvernements écopent, ils n'obstruent pas les voies d'eau. En matière économique, le conservatisme préfère l'homéopathie à la chirurgie, surtout s'il reste modéré.

Et il l'est : le conservatisme français n'est pas féroce mais anesthésiant. Depuis la crise, pratiquement seuls de notre espèce, nous avons inventé le conservatisme barbiturique. Alphonse Thiers, connaisseur s'il en est, fort bon historien de surcroît, proclamait : « Tout gouvernement doit être conservateur et nulle société ne pourrait vivre sans un gouvernement qui ne le serait point. » Il a été trop bien entendu, peut-être parce que les gouvernements successifs partageaient sans le dire l'axiome de Napoléon III : « Surtout, n'ayez pas peur du peuple, il est plus conservateur que vous. » Ce qui s'est vérifié puisqu'il a jusqu'ici préféré, d'une majorité à l'autre, la protection à l'aventure. Au risque que, un jour, une explosion sociale propulse brutalement le Front national au pouvoir.

Nous n'en sommes pas là. La tentation de la lassitude, du découragement, de l'amertume, de l'anxiété, de la défiance l'emporte encore sur celle de la colère, de la révolte, du chaos, de l'explosion nationaliste et protestataire. Jusqu'à présent, alternance après alternance et déception après déception, le conservatisme se maintient au pouvoir sous ses formes successives.

Politiquement, il est principalement, presque naturellement de droite, en particulier sous sa forme modérée. Après l'enracinement de la IIIe République, Léon Gambetta s'écriait : « Puisque nous sommes les plus forts, nous devons être modérés. » Il venait de la gauche mais il donnait déjà le ton. Dans l'Hexagone, la droite conservatrice porte généralement des couleurs apaisées et lorgne vers le centre. Valéry Giscard d'Estaing, symbole contemporain distingué de cette famille-là, proclamait, un siècle tout juste après Gambetta : « Je gouverne et je gouvernerai au centre. » C'était presque vrai. Tantôt les libéraux (à l'époque, le centre gauche) devenaient à l'épreuve du pouvoir des conservateurs modérés (Guizot, Thiers, Émile Ollivier), tantôt des conservateurs modérés gouvernaient en s'ouvrant au centre (Raymond Poincaré, André Tardieu, Paul Reynaud, Antoine Pinay, Georges Pompidou, Valéry Giscard d'Estaing, voire Jacques Chirac).

L'archétype absolu du conservateur modéré s'appelle évidemment Raymond Poincaré. Friedrich Sieburg en faisait « le gardien de l'ordre, de la prospérité paisible, du bonheur bourgeois ». Il expliquait ses succès et sa popularité tardive « parce qu'il administre en bon père de famille ». Il le créditait d'avoir « rétabli le caractère sacré de la petite fortune » et de croire au « capital épargné ». Bref, pour lui « tout bon Français est un futur rentier ». On trouve là la définition même du conservateur traditionnel.

Avocat célèbre, parlementaire imbattable – la Lorraine lui reste toujours fidèle –, homme politique circonspect (il refuse de prendre parti face à l'affaire Dreyfus ou à la loi de 1905 sur la laïcité), cela lui vaut d'être ministre jeune, accédant plusieurs fois au prestigieux portefeuille des Finances, puis président du Conseil, enfin président de la République (1913-1920). En politique étrangère, il incarne la fermeté la plus rigide face à l'Allemagne et le patriotisme le plus déterminé, et même le plus étroit. Éclipsé par Clemenceau qui, le voyant avant guerre au cœur d'une crise parlementaire quitter précipitamment un dîner, avait cruellement lancé à la cantonade : « Il court s'abstenir. » Il a pris sa revanche.

Là, devant la crise financière et monétaire, l'ancien chef de l'État redevient président du Conseil pour sauver le franc et rétablir le budget. Il a été « Poincaré la guerre », « l'homme qui rit dans les cimetières », haï par la gauche, alors qu'on parle maintenant avec révérence du « franc Poincaré ». Il devient le recours, le sauveur, le thaumaturge, le sage, l'incarnation de la modération, de la compétence et de la confiance. Durant la guerre il incarnait le sacrifice, le stoïcisme, l'opiniâtreté : popularité froide. Après le conflit, il sauvait le bas de laine des Français, il préservait leurs maigres économies : popularité chaude. S'il fallait un visage de la IIIe République pour incarner le conservatisme modéré, ce serait assurément le sien.

Sous la IVe République, la palme reviendrait à Antoine Pinay dont Jacques Fauvet, le meilleur chroniqueur politique de l'époque, écrivait plaisamment qu'« il a une tête d'électeur ». La taille bien droite, la moustache impeccablement taillée, une allure provinciale attentivement entretenue, cet élu perpétuel (de 1929 à 1976) fait savoir avec coquetterie et constance qu'il n'aime pas la politique, qu'il se défie des partis, qu'il n'accepte qu'à regret les mandats et que c'est par vertu qu'il se résout à recevoir les portefeuilles ministériels.

Les Français adorent cet apolitisme modéré et ce conservatisme libéral. Fils d'un fabricant de chapeaux de paille, lui-même à la tête d'une entreprise de tannerie, élu du département de la Loire, il incarne le bon sens, la prudence, la simplicité. Il ressemble au Français moyen des petites villes de province : sympathie garantie. Si Pierre Mendès France est l'homme le plus prestigieux de la IVe République, Antoine Pinay en est le personnage le plus populaire. Il rassure, il rassemble, il personnifie une France laborieuse et honnête, désuète et tranquille. Il finit par devenir à son tour un mythe. On le consulte, on se rend en pèlerinage à Saint-Chamond où il délivre de rares conseils et rend de brefs oracles. Revenant au pouvoir, le général de Gaulle lui-même le veut ministre des Finances. Il le restera peu de temps, allergique au présidentialisme impérieux du grand homme, désireux de retourner chez lui, heureux d'être cérémonieusement consulté. Il mourra centenaire, image d'Épinal d'une France apaisée autant qu'imaginaire. Pour faire vraiment plaisir à Pierre Bérégovoy, ministre des Finances socialiste, il fallait le surnommer « le Pinay de gauche ».

Sous la Ve République, la figure du conservateur modéré qui s'impose s'appelle Raymond Barre. On aurait pu attribuer le rôle à Georges Pompidou, mais celui-ci était plus gaulliste que modéré et plus colbertiste que conservateur. On aurait pu songer aussi à Édouard Balladur, ministre des Finances énergique et Premier ministre décidé, mais il a par deux fois manqué de temps pour imposer vraiment sa marque. Le profil et même le physique de Raymond Barre en font en revanche le symbole du conservatisme éclairé. Il y a d'ailleurs eu là aussi, au fil des années, un mythe Barre qui a émergé, comme il y avait eu un mythe Pinay et un mythe Poincaré. Poincaré restera sans doute plus célèbre que lui et Pinay aura été à coup sûr plus populaire mais, des trois, c'est Barre qui avait le plus d'envergure. Il était moins habile qu'eux, moins politique ou moins politicien, plus cultivé et compétent qu'Antoine Pinay, aussi ferme mais plus clairvoyant que Raymond Poincaré. Avec ses costumes archaïques, son vocabulaire savamment anachronique, sa voix flûtée, son allure de notaire étoffé, Raymond Barre personnifiait l'orthodoxie économique, l'exigence intellectuelle, la fermeté, la cohérence et parfois la modernité du modéré français, de caractère certes difficile mais d'intelligence lumineuse. Un homme d'État, plus soucieux de son pays que de son destin personnel, rarement applaudi mais toujours respecté, préférant être utile que populaire.

Ces conservateurs-là, ancrés à droite, ouverts au centre, occupent le plus souvent le pouvoir. Depuis la fin de la Révolution, la droite gouverne plus souvent et plus longtemps que la gauche et, au sein de la droite, les modérés pèsent plus lourd que les ultras. Une revue cavalière le confirme. Consulat et Premier Empire ne peuvent être classés à gauche, même s'ils réformaient sans relâche et intégraient une partie de l'héritage de la Révolution. La Restauration ressuscite la monarchie de droit divin et un Richelieu ou un Decazes, plutôt libéraux, ne compensent pas un Villèle ou un Polignac, pas libéraux du tout. Louis-Philippe, le « roi bourgeois », plus royal que bourgeois cependant, modifie l'équilibre qui passe de l'ultracisme à des gouvernements modérés (Broglie, Thiers, Guizot). Le Second Empire, plus autoritaire que libéral, sinon quand tout se dérègle, ne quitte jamais les rivages de la droite. Celle-ci domine encore les débuts de la IIIe République jusqu'en 1877. La droite a donc gouverné durant quelque quatre-vingts ans, tantôt autoritaire, tantôt réactionnaire, tantôt libérale, au demeurant moins ouverte que fermée.

Le rapport gauche-droite se rééquilibre alors jusqu'en 1914. Entre les deux guerres, si la gauche s'impose nettement par trois fois (Cartel des gauches, victoire en 1932, Front populaire), la droite gouverne davantage (chambre bleu horizon, Poincaré, Tardieu, Laval, Reynaud). Elle est républicaine, nationale et parfois pacifiste, modérée et parfois réformiste. Pour l'essentiel, la IIIe République aura été tempérée, plus modérée que radicale. Sur les quatorze présidents de la République qui se sont succédé, deux seulement (Loubet et Fallières) peuvent être classés à gauche, avec pondération. Cela donne la couleur de cette République : le bleu pâle.

Vichy pousse brutalement la barre beaucoup plus à droite, plus loin qu'elle ne l'a jamais été depuis la Terreur blanche de 1815. La IVe République, en revanche, penche à gauche ou plutôt au centre gauche. Les succès du RPF de 1947 à 1951, les gouvernements Pinay et Laniel, l'élection à la présidence de la République du modéré René Coty, un homme modeste, probe et navré, prouvent cependant que la droite vaincue n'est pas moribonde. De toute façon, avec la Ve République, c'est le retour triomphal de la droite au pouvoir. La gauche est confinée dans l'opposition durant vingt-trois ans jusqu'à 1981. Depuis, alternances et cohabitations se sont succédé.

En trente-cinq ans (1981-2016), la gauche a occupé dix-huit ans la présidence de la République, la droite dix-sept ans. Les gouvernements de gauche ont totalisé dix-neuf ans à l'hôtel de Matignon, les gouvernements de droite seize ans. En simplifiant, le centre gauche domine sous la IVe République, la droite règne et gouverne durant vingt-trois ans pendant la première phase de la Ve République et les forces s'équilibrent depuis 1981. Sur la durée, on a pourtant le sentiment que la culture de droite imprègne davantage la société que la culture de gauche. C'est arithmétiquement vrai, même si depuis 1981 la balance semble inhabituellement équilibrée. Ce l'est surtout politiquement et plus encore économiquement. Les institutions restent en effet d'imprégnation très gaullienne, depuis 1981 comme auparavant, sous la gauche comme sous la droite. Cela influence le climat. Et puis, même quand la gauche gouverne, les idées de droite prennent rapidement leur revanche. Elles dominent plus que les majorités électorales ou les coalitions gouvernementales ne l'indiquent. Elles surplombent.

La démonstration est aisée. Le 10 mai 1981, François Mitterrand est parvenu au pouvoir, lesté d'un programme économique fracassant et d'un programme social mirifique. La rupture avec le libéralisme orthodoxe de Raymond Barre est bien là. Dès l'automne cependant, Jacques Delors, ministre des Finances réaliste, compétent et sincère, appelle à la « pause », reprenant ainsi délibérément la célèbre formule de Léon Blum qui annonçait la suspension du programme économique du Front populaire. D'ailleurs, dès 1982, un tournant s'esquisse, dès 1983 il s'impose. La rupture avec le libéralisme aura duré deux ans. La majorité reste en place mais l'orientation économique se recentre théâtralement. En 1988, François Mitterrand remporte de nouveau la bataille électorale mais, cette fois, il se garde bien de vouloir renverser l'ordre économique. Son Premier ministre, Michel Rocard, un social-démocrate assumé qui ne prétend pas rompre avec le marché, mène une politique économique sagement réformiste. Ce n'est plus l'heure du donquichottisme. Pierre Bérégovoy, ministre des Finances, puis Premier ministre, se voit complimenter par la presse financière anglo-saxonne pour sa sagesse et sa modération. La gauche électorale est au pouvoir mais la politique économique penche à droite.

En 1997, Lionel Jospin, Premier ministre de cohabitation, peut innover avec les 35 heures qui déclenchent aussitôt un vacarme assourdissant. En réalité, s'il mène une politique sociale de gauche (35 heures, emplois jeunes, CMU, etc.), sa politique économique, pilotée par le brillant Dominique Strauss-Kahn, alors considéré comme le modernisateur du socialisme, est habile et rassurante. L'homme de Bercy est apprécié à Bruxelles et deviendra plus tard, avant ses frasques privées, un directeur général du FMI (Fonds monétaire international) respecté. C'est dire que les mânes de Keynes ne sont pas offusquées. Lionel Jospin revendique d'ailleurs l'économie sociale de marché. Il rejette la société de marché, il accepte l'économie de marché. Quand les socialistes gagnent les élections, le socialisme ne conquiert pas le pouvoir.

Dix ans plus tard, François Hollande est élu à son tour président de la République. Sa campagne, amorcée au centre gauche, s'est radicalisée dans le but d'attirer les voix de toutes les gauches. Au départ, comme toujours, comme le Cartel des gauches en 1924, comme le Front populaire en 1936, comme François Mitterrand en 1981, il rompt et il taxe. Une pluie d'impôts nouveaux se déverse sur la France, on améliore et on complète les prestations sociales, les déficits se creusent, Bruxelles s'alarme. Dès janvier 2014, la barre est réorientée vers le centre. On inaugure une politique de l'offre, estampillée de gauche, enracinée à droite, puisque la gauche commence toujours par mettre les entreprises au service de l'État et finit régulièrement par mettre l'État au service des entreprises. On habillait jadis cela du joli nom de réformisme. On l'appelle aujourd'hui social-libéralisme. Dominique Strauss-Kahn se nomme maintenant Emmanuel Macron. Cela revient au même. L'économie finit toujours par battre la politique et si la politique peut tourner à gauche, l'économie la ramène immanquablement à droite. C'est l'éternelle demi-victoire de l'économie de marché.

Est-elle nécessairement conservatrice ? Point du tout, comme l'ont démontré Gerhard Schröder en Allemagne, Tony Blair en Grande-Bretagne, Romano Prodi en Italie et dix Premiers ministres dans les pays scandinaves, baltes, irlandais ou autrichiens. En France aussi, les choix économiques n'ont pas toujours été conservateurs. Il n'y a pas eu que des Méline, des Poincaré, des Pinay ou des Chirac pour mener des politiques tristement défensives. À droite, un Guizot fut un modernisateur, un Tardieu aurait voulu l'être, un Paul Reynaud l'a tenté, un Robert Schuman conciliait style démodé et idées neuves. Jean Monnet fut un grand novateur, Michel Debré qui le considérait au demeurant comme le diable fut néanmoins lui aussi un réformiste intrépide. Édouard Balladur a calmement pris des risques. Nicolas Sarkozy, vaillant et audacieux dans les crises, malheureux et maladroit dans la routine, fut le contraire d'un conservateur.

Ces hommes-là furent néanmoins des exceptions au sein de leur propre camp. La droite française, au bout du compte, a dominé les deux derniers siècles, mais le conservatisme a imprégné la droite et fait reculer la gauche. Derrière le goût de la nouveauté, l'allergie au changement a imprimé sa marque sur toute la société. C'est vrai en politique, c'est vrai aussi dans tous les compartiments de la vie. La France s'emballe pour la mode mais s'affole devant les réformes.

En matière sociale, les preuves se bousculent. Certes, en apparence les différences de classes et de strates semblent s'être estompées. On ne distingue plus au premier coup d'œil l'aristocrate du bourgeois, le fonctionnaire de l'ouvrier, le paysan de l'ingénieur. Les mœurs se sont simplifiées, les rites sociaux ont perdu de leur importance, les habillements se sont rapprochés, les accents se sont atténués, les modes de vie, toujours inégaux, ont néanmoins convergé. Si on laisse de côté les véritables riches (1 % de la population) et en calculant au plus large les 10 % de privilégiés, si l'on exclut de l'autre côté les 15 % de pauvres recensés, le gros des Français (75 % des hexagonaux) s'assemble et se ressemble bien davantage qu'auparavant. Les diplômes comptent plus que les généalogies, le niveau de vie et surtout le mode de vie rapprochent bien davantage que les alliances et les parentèles ne différencient.

La quasi-totalité d'une classe d'âge (sauf les « décrocheurs » dont le nombre baisse heureusement) termine ses études secondaires. La moitié va à l'université. La majorité prend des vacances. En faculté, tout le monde s'habille de la même façon. Les générations distinguent plus que les origines sociales, sauf pour les descendants d'immigrés. On regarde interminablement la télévision, on s'accroche à son ordinateur, on a l'oreille rivée à son portable, on veille sur sa carte de crédit comme autrefois sur la vertu de sa sœur. La France devient un océan de classes moyennes dont est exclue une minorité de pauvres et dont se distinguent de petits cercles privilégiés. La grande masse de la population est composée de citadins salariés. Il reste bien la France des « quartiers » à une extrémité, celle des propriétés de famille et des fortunes assises de l'autre, mais, outre que l'on sort parfois très vite de ces deux catégories, la plupart des Français s'alimentent et s'habillent de façon comparable, rêvent des mêmes loisirs et des mêmes vacances, empruntent les mêmes transports, remplissent les mêmes formulaires, pestent en payant leurs impôts et préparent une longue retraite. La France s'est brassée et remodelée, donc elle bouge, donc elle change, donc elle se transforme. Aurait-elle cessé d'être conservatrice ? Que nenni !

Le Français reste avant tout un individualiste qui attache la plus grande importance à son cercle privé, à son réseau familial, à ses proches et à ses familiers. Il défend bec et ongles ses intérêts – ou ce qu'il croit être ses intérêts –, il ne change pas volontiers d'habitudes ou de lieux, qu'il s'agisse de travail, d'habitat ou de loisirs.

Il défend farouchement l'héritage, même s'il n'a rien à hériter. Il ne plaisante pas avec la propriété privée, même s'il n'en possède pas. Il rêve moins qu'avant de devenir fonctionnaire mais il veut être toujours plus protégé. Il entre dans la modernité technologique et dans la modernité économique à reculons. Il ne croit plus au socialisme mais il n'aime pas le capitalisme. Il redoute la mondialisation et il se déprend de l'Europe.

Au XXIe siècle, il éprouve la tentation du repli, de la protection illusoire des frontières. Il sait bien davantage la société qu'il rejette que celle à laquelle il aspire. Il a des souvenirs, des nostalgies mais pas de projet collectif d'avenir. Il se trouve en transhumance malheureuse, sachant ce qu'il quitte sans savoir ce qu'il va trouver. En cela, il se distingue profondément des autres sociétés européennes qui l'entourent et de toutes les sociétés occidentales avec lesquelles il cousine. Il a le pessimisme conservateur, le déclinisme démobilisateur. Il se prétend heureux dans sa vie personnelle, il se proclame malheureux dans sa vie collective. Il pense en somme qu'il n'a pas la société qu'il mérite mais il ne sait pas quelle société il devrait mériter. Après quarante-deux ans de crise, le Français traverse une période de misanthropie.

D'où son conservatisme social. Si ce qui est neuf est dangereux, la perpétuelle tentation est de refuser le changement. Jadis on pouvait encore écrire, comme le faisait Jacques Fauvet, « le peuple français est conservateur parce que c'est un peuple paysan ». Aujourd'hui, les agriculteurs à proprement parler ne représentent plus que 4 % de la population active. Même si les Français ont la mémoire longue, l'explication peut donc difficilement passer pour déterminante. Les paysans bénéficient toujours d'un vague attachement sentimental. On plaint leurs difficultés, on excuse leurs excès mais on les regarde de l'extérieur.

En revanche, lorsque Alain, grand expert en psychologie des Français, écrivait dès les années 30 qu'ici « la résistance aux pouvoirs importe plus que l'action réformatrice », il mettait le doigt sur l'essentiel. Le Français est un grand résistant au changement. Ses lignes de défense s'organisent autour de deux forteresses : les statuts et les avantages acquis. En 1791, la loi Le Chapelier croyait en avoir fini avec les corporatismes. En 2016, le corporatisme est roi. L'État ne compte pas moins de trois cents corps, la France ne recense pas moins de trente-sept régimes de retraite différents. Les agents publics (État, collectivités locales, sécurité sociale, agences publiques) sont près de cinq millions et demi, le plus grand nombre et la plus grande proportion en Europe. Le code du travail, c'est bien connu, est long de trois mille cinq cents pages. Malheur à qui veut troubler cet ordonnancement gigantesque. La levée de boucliers assourdissante contre la loi Macron, le psychodrame gigantesque déclenché contre la loi El Khomri avec son million de pétitionnaires, ses manifestations, ses défilés et ses grèves, le prouvent assez.

Claude Allègre, brillant chercheur, caractère volcanique et réformateur téméraire, avait, lorsqu'il était ministre de l'Éducation nationale de son ami Lionel Jospin, lancé dans l'hémicycle du Palais-Bourbon un retentissant « Il faut dégraisser le mammouth ». Il s'agissait de diminuer les effectifs de l'administration centrale de son ministère, atteinte d'obésité. La formule était provocatrice, surtout devant une assemblée où le corps enseignant était largement surreprésenté. L'effet fut cataclysmique. Il fallut se séparer du trop franc et trop polémique ministre. On ne doit toucher à l'Éducation nationale qu'avec des doigts tremblants et des propositions chuchotées. La rue de Grenelle, siège du ministère, est devenue un lieu sacré avec ses dieux et ses demi-dieux, ses grands prêtres et ses vestales, ses rites et sa liturgie.

L'UNEF, on l'a vu, interdit que l'on évoque la sélection à l'entrée de l'Université même si elle existe *de facto* : on n'enfreint pas un tabou. D'ailleurs, l'UNEF n'est elle-même que lorsqu'elle part en guerre contre des projets qu'elle caricature méthodiquement afin de mieux les combattre. Dans le corps enseignant, les syndicats veillent à ce que les promotions se fassent avant tout à l'ancienneté et le moins possible au mérite, même si, au sein d'un établissement, chacun sait parfaitement qui sont les bons professeurs ou les bons maîtres d'école et qui sont les mauvais. Mais chut, l'hypocrisie doit demeurer obligatoire. Réformer le collège, modifier les programmes et les méthodes pédagogiques ? C'est aussitôt le soulèvement général, bientôt le psychodrame, que la réforme soit bonne ou mauvaise, judicieuse ou démagogique. D'ailleurs, parents d'élèves, syndicats d'enseignants et même lycéens convergent spontanément pour bloquer toute réforme. Il s'agit pourtant du premier budget ministériel et de l'avenir des adolescents. Les comparaisons internationales sont cruelles ? Conspuons les comparaisons internationales et ne touchons à rien.

Autre exemple bien connu, éternel serpent de mer mais blocage perpétuel : la réforme des retraites. Elle est indispensable, tout esprit de bonne foi en convient puisque l'espérance de vie s'allonge régulièrement et que la durée effective des retraites augmente plus vite que la durée des cotisations. De plus, le système français, outre son absurde complexité, s'avère extrêmement inégalitaire, selon que l'on appartient au secteur public ou au secteur privé, que l'on est un homme ou une femme, un cadre ou un ouvrier, un salarié ou un travailleur indépendant. On aurait pu, comme cela s'est fait dans tant de pays voisins, réformer d'un seul coup le système des retraites et mettre sur pied un changement global. C'eût été la révolution. Personne, gauche ou droite, ne s'y est frotté. On réforme donc dans l'urgence, par petits pas, en saucissonnant le changement pour, croit-on, le rendre plus comestible. Outre qu'il apparaît néanmoins toujours aussi indigeste, cela ne suffit par principe jamais pour régler le problème. C'est donc la réforme continue, faute d'oser la réforme globale. Elle crée un sentiment d'instabilité, elle distille l'anxiété, elle alourdit le climat.

Aucun gouvernement n'a par exemple réglé la question caricaturale des régimes spéciaux des entreprises publiques. Depuis que le ministère Juppé a dû finir par reculer devant une jacquerie impressionnante, on rabote, on ponce, on arrondit mais on se garde bien de trancher. La réforme des régimes spéciaux, c'est Verdun. Mot d'ordre : « Ils ne passeront pas. » L'État, donc les contribuables, comble les trous en grimaçant.

Pourtant, les syndicats français sont faibles, prodigieusement faibles : 7,7 % aujourd'hui de taux de syndicalisation chez les salariés. La moitié du taux de syndicalisation espagnol, le tiers du taux de syndicalisation allemand, le quart du taux de syndicalisation britannique et le cinquième du taux de syndicalisation italien. La CGT, encore première centrale syndicale, même si la CFDT la talonne, recense aujourd'hui cinq fois moins d'adhérents qu'à la Libération. Les forces syndicales se concentrent dans le secteur public où leurs statuts les protègent. Lentement les syndicats réformistes se renforcent cependant que les syndicats protestataires (CGT, FO, Solidaires/Sud, FSU) s'affaiblissent. Le rapport de forces est aujourd'hui globalement équilibré.

En reculant peu à peu, les syndicats protestataires se métamorphosent progressivement. Au départ, ils se voulaient révolutionnaires, ils deviennent carrément corporatistes. Ils se croyaient porteurs d'un projet d'avenir, ils s'arc-boutent au passé. Ils furent conquérants, ils deviennent avant tout défensifs. De leur naissance (en 1895 pour la CGT) aux années 80, ils se battaient pour de nouvelles conquêtes sociales. Depuis l'enracinement de la crise, ils défendent bec et ongles les avantages acquis. L'alternance de gauche en 1981, puis le gouvernement Jospin leur ont offert de nouvelles avancées. Depuis, ils se replient en bon ordre, ils se retranchent dans leurs bastions. Ils sont devenus conservateurs. Plus précisément, les syndicats de confrontation ont mué en syndicats conservateurs et les syndicats réformistes (CFDT, CFTC, UNSA, CGC) sont devenus des syndicats réformateurs. Ce sont eux qui arrachent encore, ici ou là, des améliorations ponctuelles, alors que les syndicats protestataires s'acharnent en vain à défendre les vestiges du passé.

On en voit dix illustrations. Ils s'accrochent au fantôme des 35 heures, déjà largement démantelées. Ils installent des tranchées devant le fameux jour de carence qui permet de s'absenter sans contrôle médical, incitation mécanique, c'est humain, à l'absentéisme. Ils dressent des barricades pour empêcher que dans les entreprises les référendums auprès des salariés puissent faire échec au blocage des fédérations de branches. Ils déploient la grosse artillerie pour stopper le développement du travail du dimanche. Ils usent et abusent du droit de retrait qui permet aux syndicats des transports d'interrompre le travail en cas d'agression d'un salarié par un usager : le délit d'un unique individu pénalise alors, par exemple dans les RER franciliens, des centaines de milliers de voyageurs.

D'ailleurs, les transports deviennent le champ de bataille favori des syndicats de confrontation, les fortifications privilégiées des confédérations conservatrices.

C'est flagrant à Air France où, malgré la concurrence internationale féroce et les menaces que font peser les compagnies low cost, les syndicats mènent une guérilla impitoyable contre le changement. Pourtant, ils le savent bien, les plus grandes compagnies aériennes de l'Histoire, les compagnies mythiques (Pan Am, TWA) ont succombé faute de savoir se transformer à temps. En France, les syndicats de pilotes, arc-boutés sur leurs privilèges, bloquent les réformes. Quand la tension sociale explose avec le personnel au sol et que la situation dégénère jusqu'à tourner au pugilat, quand les négociateurs de la direction des Ressources humaines sont physiquement bousculés, la CGT, FO et les syndicats de pilotes se proclament solidaires des militants déchaînés. De leur côté, les contrôleurs aériens suspendent rituellement le trafic chaque année pour négocier une poignée de postes. Dans les transports, on abuse régulièrement du pouvoir de blocage, de ce que l'on appelle les grèves-thromboses, afin de freiner les réformes. À la SNCF, ponctuellement, pour faire pression il y a grève préventive avant les modifications saisonnières des horaires. Corporatisme, conservatisme, abus de la capacité de nuisance.

Dans le secteur privé où les syndicats sont plus faibles, les épreuves de force sont plus rares. Elles interviennent cependant dès qu'il est question de délocalisation, *a fortiori* de fermeture d'une usine ou d'un établissement. Cela se comprend, puisque l'emploi est en cause. Ce qui se comprend moins bien c'est que l'épreuve de force éclate aussi lorsqu'il s'agit d'opter entre une évolution des conditions de travail (horaires, salaires) ou la fermeture et le licenciement. Les syndicats réformistes acceptent les évolutions si elles s'accompagnent de garanties. Les syndicats de confrontations mènent des guerres de tranchées, tentent d'empêcher la consultation des salariés, lancent des grèves, interdisent les entrées. À l'arrivée, ils perdent et les salariés sont privés d'emplois qu'ils auraient pu conserver. Déni de réalité.

Leurs interlocuteurs patronaux ne sont pas toujours plus éclairés, tant s'en faut. Le CNPF (ancêtre du Medef) a tout fait pour empêcher la naissance de l'Europe, par peur d'une concurrence internationale beaucoup plus exigeante, par préférence pour les vieilles recettes françaises, inflations et dévaluations. Aussi, avant même la crise, durant les Trente Glorieuses, alors que la croissance galopait, que le chômage restait marginal et que les bénéfices s'envolaient, ont-ils mené la guerre contre un progrès social qu'ils pouvaient supporter. Résultat : à force de refuser l'innovation sociale (comme l'intéressement et la participation qui émergeaient à cette époque-là), ils ont dû affronter la tempête de Mai 68 et se résigner à accorder soudain bien plus qu'il ne leur était demandé auparavant. Le même comportement, la même myopie a joué son rôle dans la victoire de François Mitterrand en 1981. Conservatisme patronal et conservatisme syndical s'alimentent mutuellement. Ils sont frères siamois.

La CGT, FO, Solidaires/Sud refusent tout assouplissement, combattent toute innovation comme la simplification, pourtant nécessaire, du code du travail. Le Medef de son côté, surchargé il est vrai de taxes et d'impôts depuis 2012 et même depuis 2010 (fin du quinquennat Sarkozy et début du quinquennat Hollande), additionnant comme jamais les prélèvements fiscaux et sociaux, ne cesse de réclamer des aides nouvelles, des allègements fiscaux, la suppression des taxes, promettant en échange des créations d'emplois qui demeurent très insuffisantes. Conservatisme des syndicats de confrontation, conservatisme du patronat, conservatisme du syndicalisme agricole ou des professions à statut, conservatisme du secteur public. Conservatisme économique des Français eux-mêmes : ils investissent de moins en moins en Bourse, ils répugnent à acheter des actions parfois très rentables, parfois très risquées. Ils privilégient l'assurance vie, donc les obligations, mieux protégées, plus rassurantes. La prudence plutôt que l'audace. La France va moins bien que ses voisins parce qu'elle est plus réfractaire aux changements et qu'elle n'évolue que le dos au mur.

Pourtant, les Français eux-mêmes sont moins allergiques qu'autrefois aux réformes ou plutôt, à la longue, devant l'échec manifeste des conservatismes croisés, ils ouvrent les yeux, ils les entrouvrent en tout cas ; et envisagent désormais des évolutions que naguère ils rejetaient brutalement. On peut déplorer le temps qu'il leur aura fallu pour surmonter leurs préjugés, on peut se réjouir de cette ouverture inédite et de cette conversion partielle ou réelle. En décembre 2015, selon l'Institut Ipsos, ils considéraient ainsi qu'assouplir les procédures d'embauches et de licenciements, autoriser le travail le dimanche pouvait être efficace, qu'envisager la création d'un salaire minimum par branches et non plus unique, voire revenir aux 39 heures de travail hebdomadaire, était peut-être utile sinon souhaitable. La banquise conservatrice française se dégèle, même si les changements envisagés s'acceptent naturellement d'autant mieux qu'ils concernent les autres.

Les territoires du conservatisme ne sont d'ailleurs pas dessinés pour l'éternité. Ils varient selon les domaines. Socialement, c'est classique en période de crise, surtout aussi longue et aussi dure que celle-ci, le conservatisme domine, même s'il se fissure ici ou là, dans le secteur privé notamment. Politiquement, la France vire incontestablement à droite, parfois fort loin comme le prouvent les succès du Front national. Cependant, au sein de la droite parlementaire, c'est le libéralisme économique qui marque des points. Dans notre vieux pays régalien, le libéralisme économique reste en pratique une idée neuve. Dans les programmes et les projets des candidats à l'élection primaire de LR (Les Républicains), il s'impose. L'expérience prouve certes que bien souvent les programmes économiques, libéraux dans l'opposition, deviennent subitement conservateurs au pouvoir : les douze années de présidence Chirac en sont l'illustration. Il n'empêche, jamais la droite française n'a injecté autant de libéralisme dans son conservatisme, au moment même où le gouvernement Valls expérimente dans le tumulte le social-libéralisme. Quelque chose est en train de bouger sur ce registre-là.

La France reste un pays régalien où le poids de l'État demeure immense, bien plus puissant que dans n'importe lequel des autres pays de l'Union européenne, bien plus lourd que dans n'importe quelle autre nation occidentale. Les réflexes des Français restent d'ailleurs étatiques. Lorsque Lionel Jospin, Premier ministre de cohabitation, avait osé dire à la télévision à propos d'une entreprise privée en difficulté que « l'État ne peut pas tout », le tollé fut général, à droite comme à gauche. On avait parlé de renoncement, d'aveu d'impuissance, comme si l'État était une sorte de conservateur en chef de l'économie française, chargé de veiller à ce que rien ne puisse bouger. Tout récemment encore, lors de la crise sociale à Air France (entreprise privée), les sondages ont montré que les Français attendaient de l'État qu'il résolve un problème que, dans un autre pays, le dialogue chef d'entreprise/syndicats aurait été chargé de régler. En France, depuis toujours, on préfère d'ailleurs l'accompagnement social à la transformation économique. Et cependant, l'État se désengage lentement des entreprises où il n'a rien à faire. Il facilite l'apparition d'un million d'auto-entrepreneurs. Il encourage la multiplication de start-up qui connaissent parfois de grands succès. Il simplifie les procédures et tente d'alléger les normes. Il renforce les régions, même si le découpage laisse à désirer. Il pousse au regroupement de communes et favorise la naissance des grandes métropoles. L'État est un obèse qui se met au régime et se résigne à faire de l'exercice.

On dira que si le conservatisme reste politiquement dominant, socialement bien ancré et économiquement prépondérant, la messe est dite. On peut même ajouter qu'idéologiquement la gauche est submergée, que les intellectuels de droite tiennent le haut du pavé. Souverainistes, déclinistes, nationalistes ou nostalgiques gagnent en ce moment haut la main la bataille des idées. L'enlisement dans la crise, la spectaculaire pression migratoire originaire du Moyen-Orient et les attentats djihadistes les rendent autrement plus audibles que leurs adversaires. On peut même ajouter que les mobilisations imposantes des partisans de La Manif pour tous, c'est-à-dire les adversaires du mariage des homosexuels, prouvent bien que les racines catholiques de la France demeurent robustes, que la conception traditionnelle de la famille rencontre le sentiment populaire, qu'en somme, sous des formes différentes, les conservatismes se portent bien, qu'ils s'assemblent et se confortent mutuellement.

Là encore, il ne faut cependant pas simplifier. En ce moment, les conservatismes l'emportent nettement, c'est un fait. La loi sur le mariage pour tous, si contestée, a pourtant été votée. La majorité des Français s'y résigne et ne souhaite pas la remettre en cause. Sur un autre plan, en ce qui concerne la fin de vie, les hexagonaux se montrent favorables à ce que l'on autorise l'usage de la sédation profonde pour les malades incurables qui le demandent – c'est-à-dire, en fait, l'euthanasie passive – et une majorité irait même jusqu'au suicide assisté. Une histoire chrétienne n'empêche en rien les Français de tenir mordicus à une laïcité qui les imprègne tout autant. Chacun peut croire ce qu'il veut, pratiquer librement sa religion dans le respect des lois, mais la République, elle, est laïque. Culturellement, les Français ne peuvent donc pas passer pour conservateurs. En matière de mœurs, la France serait même progressiste.

Simple contradiction dans un pays qui n'en manque pas ? Ce n'est pas la seule. Le souverainisme se porte bien, le nationalisme se renforce. Et cependant, les Français ne veulent sortir ni de l'euro, ni de l'Europe. Ils veulent être mieux protégés, ils veulent plafonner l'immigration, ils veulent être défendus par des frontières, européennes ou françaises. Ils souhaitent aussi une politique de défense européenne – ce serait une grande nouveauté –, une politique d'environnement européenne, une politique fiscale européenne (espérant ainsi voir baisser leurs impôts). Ils tiennent à leurs racines, ils révèrent leur passé, ils le commémorent volontiers mais ils savent bien que, dans la mondialisation, l'avenir passe par l'Europe. Conservateurs mais pas obtus. Traumatisés par la crise, par la violence, mais conscients qu'ils n'en sortiront pas par l'enfermement ou par un isolement artificiel.

En somme, si la France est conservatrice, les citoyens le sont sans doute moins que les appareils, que les corps intermédiaires et même que les dirigeants. Ils sont conservateurs, leur tempérament et les circonstances le veulent, ils ne sont pas bloqués. Leur culture est conservatrice, elle n'est pas obscurantiste. Elle est en réalité métissée : conservatrice pour l'essentiel, novatrice par plusieurs côtés. Les Français n'aiment pas le changement mais ils savent qu'ils ne pourront pas l'éviter. Ils mènent des combats de retardement mais ils constatent qu'ils devront évoluer. Ils le font déjà, certes à petits pas, certes à regret, certes en maugréant, mais ils le font. Ils ne croient plus au socialisme, ils n'ont jamais cru au communisme, ils ne veulent pas du nationalisme xénophobe. Ils observent que les candidats conservateurs deviennent économiquement plus libéraux, même s'ils demeurent par ailleurs toujours bonapartistes. Ils ont peur du changement, ils aiment la nouveauté, ils se mettent précautionneusement en marche vers la transformation, vers l'évolution, vers l'adaptation, non pas parce qu'ils le souhaitent mais parce qu'ils savent qu'ils le doivent. Les Français, si foncièrement conservateurs, deviennent les « malgré-nous » du changement. Au fond d'eux-mêmes ils ont compris ou ils pressentent ce que Jean Monnet, toujours lui, toujours lumineux et précurseur, écrivait dans ses *Mémoires*, publiés en 1976 : « Le choix est simple : modernisation ou décadence. »

6

L'extrémisme

Le premier parti de France a toujours été le parti des mécontents. C'était vrai sous l'Ancien Régime, c'est aussi vrai depuis la Révolution. De régime en régime, durant la royauté, durant les deux Empires et durant les cinq républiques, l'insatisfaction a régné, le sentiment d'injustice a dominé. Il y a bien eu de courtes rémissions, généralement au lendemain d'une victoire militaire ou après la chute d'un pouvoir honni, mais elles n'ont jamais duré. Le tempérament national qu'en pleine tempête le général de Gaulle définissait par « la hargne, la grogne et la rogne » l'a régulièrement emporté. Il a constitué le terreau sur lequel ont prospéré les extrémismes. Ceux-ci ont beaucoup changé de forme et d'orientation politique selon les époques mais ils n'ont jamais été exorcisés, encore moins éradiqués. De souverain en souverain, de pouvoir en pouvoir, de gouvernement en gouvernement, l'extrémisme a toujours été une composante du système politique français.

Il a triomphé sous la Révolution, il a inspiré revanches, émeutes, révolutions et coups d'État durant un siècle, de 1789 à l'enracinement de la IIIe République. Au XIXe siècle, il a scellé l'alliance du peuple et de la fraction progressiste de la bourgeoisie. Au XXe siècle, il a irrigué le socialisme, puis le communisme d'un côté, les Ligues puis l'État français de Vichy et enfin le Front national de l'autre. Il n'a pas accédé au pouvoir, sauf de 1940 à 1944, à la suite de la pire débâcle militaire de notre histoire et sous le contrôle de l'ennemi vainqueur. Il a pourtant beaucoup pesé et compté, influençant une part significative des masses populaires, rarement moins de 20 % des électeurs, souvent 30 % et aujourd'hui, au XXIe siècle, près de 40 % des citoyens, essentiellement dans la France pauvre ou menacée de déclassement.

À gauche, il a nourri des rêves qui se sont révélés des cauchemars. À l'extrême droite, il a pris la forme de terribles rejets, nationalistes et xénophobes. De siècle en siècle, de décennie en décennie, les extrémismes français ont renoncé à la tentation des armes et des violences physiques mais n'ont rien perdu de leur virulence idéologique et de leur manichéisme politique. Des deux côtés, ils laissent percer la tentation de l'autoritarisme. Ils sont la preuve d'un éternel malaise français, ils sont la démonstration d'une crise d'identité croissante.

Celle-ci trouve malheureusement aussi de nouvelles formes avec la radicalisation d'une fraction de la jeunesse musulmane française, certes extrêmement minoritaire mais néanmoins fort angoissante puisqu'elle débouche sur le djihadisme, le terrorisme et les attentats. Il y a près de trente ans, le grand historien François Furet déplorait notre « capacité infinie à produire des enfants et des hommes qui détestent le régime social et politique dans lequel ils sont nés ». Depuis la Libération, cela n'a jamais été aussi vrai qu'aujourd'hui.

La France n'a évidemment pas le monopole de l'extrémisme mais elle en a toujours été une terre de prédilection et elle en demeure un foyer particulièrement actif. Peu de pays, peu de régimes ont certes échappé à la malédiction de l'extrémisme. Celui-ci règne par essence en souverain dans les États autoritaires, despotiques, totalitaires, c'est-à-dire aujourd'hui encore, selon ces critères, plus du tiers des nations représentées à l'Onu. Pour s'en tenir à l'Europe, son histoire a été ensanglantée non seulement par des guerres entre États, innombrables, mais aussi par des guerres civiles effroyables, des guerres de Religion tragiques, des soulèvements populaires noyés dans le sang, des émeutes violentes, des jacqueries désespérées. Les foyers de civilisation ont été le théâtre d'affrontements barbares multiples, et la douceur du christianisme n'a jamais empêché les chrétiens de s'étriper sauvagement.

Dans la période moderne et contemporaine, l'extrémisme s'y porte encore fort bien. La Grande-Bretagne, mère incontestable du parlementarisme et sanctuaire des libertés individuelles, n'en a pas moins connu, outre les guerres de Succession et de Religion du passé, des grèves violentes, nombreuses, durement réprimées. La lutte des classes à l'anglaise ne s'est pas toujours réglée par le dialogue et par la persuasion mais aussi à coups de triques, de barres de fer, de pavés et parfois de baïonnettes. L'Allemagne, l'Italie, l'Espagne, le Portugal, la Hongrie, la Roumanie, la Bulgarie, la Grèce ont subi des régimes d'extrême droite qui ont terrorisé leurs populations et, directement ou indirectement, mis l'Europe à feu et à sang, massacré les habitants, exterminé méthodiquement les minorités.

La Russie n'a jamais connu que des régimes totalitaires ou, comme actuellement, autoritaires, xénophobes et bellicistes. L'Europe de l'Est a subi tour à tour le joug nazi et l'oppression soviétique. L'Europe est un continent de vieille et brillante civilisation, contrariée et démentie par les conflits les plus sanglants et par les extrémismes les plus furieux et les plus implacables.

On pourrait imaginer que les leçons en ont été tirées et qu'aujourd'hui la démocratie et la paix règnent sereinement. Il n'en est rien. La Russie et les pays qui lui sont proches n'appartiennent pas au camp de la démocratie. Les extrémismes politiques, idéologiques, religieux, ethniques y imposent impitoyablement leur férule. L'Union européenne a été bâtie pour stabiliser la démocratie, la paix et la prospérité. La prospérité s'est évanouie depuis près d'un demi-siècle, la paix est menacée à ses confins (naguère l'effroyable conflit de l'ex-Yougoslavie, en ce moment l'Ukraine), la démocratie, elle, résiste. Elle doit néanmoins faire face à une nouvelle vague d'extrémismes. Ceux-ci relèvent parfois d'une gauche qui se veut de rupture avec le système économique et social de leur pays (Syriza en Grèce, Podemos en Espagne, Mouvement 5 étoiles de Beppe Grillo en Italie, gauche radicale au Portugal). Leurs chances de réussite économique sont faibles, comme le prouvent les événements récents, mais leurs ambitions sont fortes et, surtout, les frustrations qu'ils expriment sont immenses. L'Europe du Sud enregistre une vigoureuse poussée d'extrême gauche.

L'Europe du Nord et de l'Est, elle, doit faire face à une résurgence d'extrême droite, de populisme et de xénophobie. La crise économique y est certes pour beaucoup mais ceux des pays qui y résistent le mieux ou en sont même sortis ne sont pas épargnés pour autant. La très forte pression migratoire venue du Moyen-Orient embrase évidemment les passions mais elle touche autant les États épargnés (Pologne, Bulgarie, République tchèque, Slovaquie) que ceux qui y sont réellement confrontés. La crise économique et la crise migratoire débouchent sur une fièvre nationaliste générale. Partout, il n'est question que de fermer les frontières et de mettre en accusation Bruxelles et l'Union européenne.

En Pologne et en Hongrie, la droite extrême est au pouvoir. Ailleurs, elle progresse spectaculairement. La sage Scandinavie, de culture luthérienne et sociale-démocrate, est contrainte de faire face à un populisme xénophobe qui fait pression sur les gouvernements, menace les coalitions au pouvoir et parfois s'y immisce. Aux Pays-Bas et en Flandre, la droite extrême participe au gouvernement. En Allemagne, Pegida marque des points de nouveau depuis l'afflux de réfugiés et de migrants économiques. Aux élections régionales, l'extrême droite entre aux parlements locaux, l'AFD y remporte des succès spectaculaires. Depuis l'afflux des immigrés venus du Moyen-Orient et de la furieuse polémique déclenchée par l'accueil offert par Angela Merkel, les verrous ont sauté et les tabous nés de la Deuxième Guerre mondiale sont bousculés. En Saxe, foyer traditionnel d'extrême droite, des violences se produisent. L'Europe de l'Est suit le mouvement.

En Grande-Bretagne la campagne en faveur du Brexit a vu s'exhaler, bien au-delà du patriotisme, de furieux effluves nationalistes. La violence verbale a même fini par déboucher sur le meurtre d'une députée travailliste hostile au Brexit. L'Europe est menacée de déconstruction parce que les égoïsmes nationaux, excités et revigorés par les crises, prennent leur revanche avec insolence. Les extrémismes avancent, la stabilité du Vieux Continent recule. Un climat détestable s'installe. L'Europe vacille et doute d'elle-même, alors que les extrémismes, bannis depuis la Libération, retrouvent morgue et fringale de pouvoir.

La France n'est pas en reste, hélas ! Elle paraît même en passe de devenir le symbole de l'extrémisme conquérant. Elle possède une longue et amère tradition sur ce terrain. Elle en redevient la figure de proue. Son statut de pays fondateur de l'Europe, son prestige historique de nation des droits de l'homme, le rayonnement qu'elle conserve malgré son enlisement dans la crise, comme l'ont démontré les impressionnantes réactions internationales lors des attentats de 2015, tout cela concentre l'attention sur elle et met en lumière sa métamorphose : jamais depuis la guerre les extrémismes ne se sont taillé une place comparable à celle d'aujourd'hui au sein du peuple français, jamais la France ne s'est trouvée ainsi en pareil danger d'extrémisme depuis 1945. La xénophobie affleure et contamine irrésistiblement les classes populaires. Le populisme émerge à l'extrême gauche et surtout à l'extrême droite. Électoralement, il progresse par vagues toujours plus puissantes. Dans le débat des idées, il a pris l'avantage. Le souverainisme parade et le nationalisme ne cesse d'enfler. Les partisans de l'Europe sont incapables de faire entendre leur voix et plus aucun homme politique ne les incarne résolument, sauf parfois François Hollande ou Alain Juppé. Les élites sont devenues les cibles naturelles, presque rituelles. La démagogie coule à flots incessants. L'extrémisme s'installe.

Il n'est pas difficile, il est même trop facile de lui trouver des antécédents. La tradition de l'extrémisme est ici une constante. Si l'on galope à travers l'histoire des extrémismes français, on rencontre aussitôt les croisades, embrasement religieux et guerrier farouche, violemment populaire où chevaliers et manants prennent les armes pour exterminer l'hérétique et reconquérir les Lieux saints : notre pays est manifestement doué pour les passions collectives dévastatrices allant jusqu'au bout d'elles-mêmes. Puis viennent jacqueries, maillotins et bazochiens, soulèvements féroces contre la misère et – déjà – les impôts. La guerre de Cent Ans annonce la naissance du sentiment national mais comporte aussi de moins glorieux affrontements franco-français ne connaissant ni la pitié ni le pardon.

Les guerres de Religion entre catholiques et protestants opposent des fanatismes implacables. Les massacres de la Saint-Barthélemy constituent l'un des épisodes les plus sauvages de l'histoire de France, l'impitoyable cynisme royal instrumentalisant le déchaînement sanguinaire du peuple. L'absolutisme de Louis XIV n'est pas plus tendre pour les huguenots avec les dragonnades et l'exil forcé d'une fraction particulièrement industrieuse de la population, pour le plus grand bénéfice des nations qui les hébergent. Puis vient le temps des révolutions. « Nous ne naissons pas dociles ni respectueux », souligne Ernest Lavisse. C'est le moins qu'on puisse dire et Pierre Nora peut parler d'une France « Terre promise des révolutions ».

De fait, l'extrémisme triomphe promptement de l'aspiration aux libertés. Un décret de la Convention proclame en 1793, l'année terrible, « la Terreur est à l'ordre du jour ». C'est l'acmé des Enragés, le grand moment des Marat ou des Hébert, le triomphe de Robespierre sur Danton, l'Incorruptible assassinant l'Incomparable. Le temps de la guillotine.

Comme ce sera la règle, les révolutions baignent dans le sang et s'achèvent par l'intervention de l'armée et par l'établissement d'un régime autoritaire. Ainsi, le Consulat chasse le Directoire, la Restauration met fin aux Cent-Jours, la Terreur blanche se venge de la Terreur tricolore, les Trois Glorieuses abattent la monarchie fermée de Charles X pour aboutir à celle plus ouverte de Louis-Philippe. La République prend sa revanche en 1848 pour s'incliner aussitôt devant le prince-président, bientôt Napoléon III. L'extrémisme révolutionnaire ne l'emporte que pour céder au parti de l'ordre.

La Commune de Paris, l'épisode le plus sanglant de toutes nos batailles d'extrémismes, marque la fin d'un cycle qui ne fait pas de quartier. Trente mille exécutions pour aboutir à la république de Monsieur Thiers. Marx a bien pu écrire dans *La Guerre civile en France* : « Le Paris ouvrier, avec sa Commune, sera célébré à jamais comme le glorieux fourrier d'une société nouvelle. Ses martyrs seront enclos dans le grand cœur de la classe ouvrière », 1871 sera néanmoins le dernier exemple d'une tentative de prise du pouvoir par les armes en France. Désormais, si les violences ne disparaissent pas, elles se restreignent et ne cesseront de régresser. On passe peu à peu des violences physiques aux violences symboliques, du coup de feu au coup de poing, du coup de poing aux invectives, de l'extrémisme par la force à l'extrémisme par le verbe. L'enracinement de la République domestique progressivement la violence, la démocratie civilise l'affrontement.

Elle ne l'escamote pas pour autant, elle n'éradique pas l'extrémisme en France mais elle le canalise, elle le borne, elle le subit, elle le combat, elle le surplombe. Il faudra, il est vrai, un autre siècle et demi pour cela et l'histoire n'est pas finie. Au commencement de la IIIe République, les monarchistes les plus virulents, c'est-à-dire la fraction ultra des légitimistes, campent à l'extrême droite avec leur drapeau blanc fleurdelisé. À l'extrême gauche, ce sont alors ceux qu'on appelle les radicaux qui occupent le terrain. Comme ils sont bons républicains et fort individualistes, leur extrémisme devient déjà politique et non plus physique. Progressivement, ils se modèrent et ce sont les socialistes qui incarnent pour un temps l'extrême gauche. Ils ont déjà compté, dans le débat des idées sous la Restauration, Louis-Philippe et le Second Empire (Saint-Simon, Fourier, Louis Blanc, Proudhon). Politiquement, leur influence ne devient cependant significative qu'à partir de la fin du XIXe siècle. Électoralement, ils n'émergent vraiment que dans la dernière décennie du siècle. Ils rêvent d'une autre société, en désordre car ils sont très divisés en courants farouchement rivaux (anarchistes, anarcho-syndicalistes, guesdistes, jauressiens, indépendants, etc.).

Leur chance et leur poids viennent de ce que, avec Jean Jaurès, ils disposent d'une figure de proue prestigieuse à l'éloquence incomparable, à l'humanisme éclatant, à la culture classique prodigieuse, à l'idéalisme incontestable, à la plume fertile et vigoureuse – sinon sobre et ramassée. Thibaudet écrit de lui : « Jaurès n'a pas seulement occupé le cœur du Parti socialiste, il a compris le cœur du public socialiste. Il a donné à l'extrême gauche, par sa personne, un mythe vivant. » Il n'est pourtant pas sans contradictions, il n'est pas infaillible (il met longtemps à mesurer l'importance de l'affaire Dreyfus), il s'illusionne, il croit que les hommes sont aussi généreux que lui. Clemenceau dira cruellement : « On reconnaît un discours de Jaurès à ce que tous les verbes se conjuguent au futur. » Il est pourtant, sans conteste, le symbole, l'unificateur, celui qui parvient à rassembler en 1905 les branches adverses du socialisme, celui qui concilie patriotisme et internationalisme, socialisme et légalisme. Son assassinat à la veille de l'embrasement de la guerre de 1914-1918 par un nationaliste qui sera acquitté en fait une figure quasi christique. Jamais l'extrémisme de gauche n'a pu offrir en France un autre visage qui puisse lui être comparé, ni de près ni de loin.

D'ailleurs, au lendemain de la Première Guerre mondiale, c'est une tout autre extrême gauche qui surgit avec le Parti communiste français. La SFIO de Léon Blum, républicaine et parlementariste, défend bien le principe d'une société collectiviste, mais elle est trop démocrate pour être taxée d'extrémisme. Le Parti communiste, en revanche, si.

En 1920, il est à la fois le fils des œuvres du socialisme français, de la Révolution russe de 1917, d'un marxisme primaire et d'un internationalisme pacifiste.

Sa bolchévisation assumée l'isole vite et son sectarisme caricatural l'affaiblit. En 1920, il compte cent trente mille adhérents, en 1930, trente mille seulement. Jusqu'à l'approche du Front populaire, il dénonce le « crétinisme parlementaire » et accable le socialisme de Léon Blum, qualifié de « social-chauvin », « social-traître » et même, comme le fait aveuglément le Parti communiste allemand du Parti socialiste de son pays, de « social-fasciste ». Dans ces années-là, le Parti communiste français cherche l'affrontement social à travers des grèves dures, rêve à voix haute du « Grand Soir », suit à la lettre les ordres de Moscou, va d'échec électoral en échec électoral (sauf dans quelques municipalités), n'a pas peur des horions. On emprisonne parfois ses dirigeants. Le 6 février 1934, le jour du sanglant affrontement entre manifestants et forces de l'ordre, son secrétaire général, Maurice Thorez, un homme intelligent et énergique, bon orateur mais enserré par une stratégie absurde et stérile qui lui vient de Moscou et à laquelle il se plie servilement, s'écrie encore au Palais-Bourbon : « Il n'y a pas de différence de nature entre la démocratie bourgeoise et le fascisme. Ce sont deux formes de la dictature du capital [...] Entre le choléra et la peste, on ne choisit pas. » Le PC n'incarne alors qu'une révolte sommaire contre une société cruelle (c'est la grande crise). Il se bat comme il peut mais il se bat contre tous et ne parvient à rien. Extrémisme exclusivement protestataire.

Tout change parce que Moscou change. La situation internationale s'assombrit de plus en plus, les régimes autoritaires se multiplient. Le PC obtempère au nouveau cours venu d'URSS, sans doute avec soulagement. Les socialistes exécrés, les radicaux méprisés, les intellectuels démocrates fustigés deviennent soudain des partenaires courtisés et ménagés. C'est le Front populaire, l'unité, le premier gouvernement socialiste de l'histoire politique française. Le PC ne va pas jusqu'à y participer comme on le lui propose mais il le soutient loyalement. Aux grévistes, le nouveau Maurice Thorez lance : « Il faut savoir terminer une grève lorsque l'on a obtenu satisfaction. » Il va même jusqu'à déclarer : « Je tends la main au travailleur catholique », et il proclame que le drapeau rouge et le drapeau tricolore peuvent désormais coexister fraternellement. C'est un virage spectaculaire, caricatural, qui se traduit d'ailleurs, pour la première fois, par une ample moisson électorale. En 1936, le Parti communiste français entre enfin réellement au sein de la IIIe République et il revendique toute sa part dans le train généreux de mesures sociales inédites (congés payés, durée du travail hebdomadaire, âge de la retraite, allocations sociales). L'extrémisme de gauche semble s'intégrer au sein de la société démocratique.

Est-il d'ailleurs encore extrémiste, est-il encore révolutionnaire, est-il toujours internationaliste ? La suite prouve bien qu'il l'est plus que jamais. Le Front populaire s'effiloche et se désagrège mais ce n'est que marginalement de son fait. La guerre menace, le PC se déclare antimunichois, vote comme un seul homme les crédits militaires, patriotiquement. Les pacifistes sont à droite et aussi en partie au sein de la gauche non communiste. Le ciel tombe brutalement sur la tête du PC lorsque la signature inopinée du pacte germano-soviétique est soudain annoncée. L'ennemi abhorré devient l'allié de la glorieuse Union soviétique. Le PC flotte, se divise et se brise. Le tiers des députés quitte le parti. La presse communiste est interdite puis, la guerre déclarée, le PC est dissous. Les parlementaires restés fidèles à l'appareil sont déchus de leurs mandats, arrêtés, bientôt expédiés dans le Sud algérien. Maurice Thorez déserte et part en Russie. Entre l'internationalisme – le mouvement communiste dirigé de Moscou – et le patriotisme, la direction a choisi l'internationalisme.

En revanche, chez les militants, c'est l'effondrement et chez les électeurs, c'est l'incompréhension. L'appareil clandestin, squelettique, est totalement isolé. Le PC s'est légitimé dans l'unité de la gauche, il se suicide en restant fidèle à Moscou. Léon Blum lancera : « Vous n'êtes pas un parti internationaliste, vous êtes un parti nationaliste russe. » Toute la France est de son avis. L'extrémisme ne peut trouver sa place contre son propre pays. Le sentiment national est toujours le plus fort au sein de la classe ouvrière comme dans les autres milieux sociaux. On peut combattre la société, on ne peut pas combattre la nation.

La déroute militaire, l'armistice, l'Occupation tendent un nouveau piège au PC. La direction clandestine prend d'imprudents contacts avec l'occupant nazi, attaque Londres, seule à résister militairement à Hitler, fustige le général de Gaulle. En revanche, des militants entrent d'eux-mêmes en résistance. Quand Hitler envahit l'Union soviétique, c'est de nouveau le tournant brutal. Le parti clandestin plonge alors tout entier dans la lutte contre l'Occupant. Ses militants multiplient les actes d'héroïsme et paient un très lourd tribut. Le Parti communiste se montre alors aussi admirable qu'il avait été détestable. Quand l'internationalisme et le patriotisme se rejoignent, c'est parfois pour le meilleur, quand ils s'opposent, c'est toujours pour le pire. Oublieux délibérément de ses propres errements, le PC se montre féroce à la Libération. L'un de ses dirigeants, brave homme au demeurant, Florimond Bonte, s'écrie : « La haine est un devoir national. » On pouvait lire des phrases du même acabit sous la plume d'écrivains collaborationnistes quelques mois auparavant. La période de Vichy a marqué l'apogée des pires extrémismes.

À la Libération, commence néanmoins pour le Parti communiste une nouvelle métamorphose : le voilà soudain promu premier parti de France aux élections législatives (26,2 %, puis 26 %, puis 28,3 % lors des trois votes qui se succèdent sur un rythme frénétique en 1945 et 1946). Bien plus, le général de Gaulle le fait entrer au gouvernement où Maurice Thorez, revenu de Moscou et ovationné par ses troupes, est même ministre d'État. On a beaucoup glosé alors et plus tard sur la tentation du PC de prendre le pouvoir par la force. Il en a vraisemblablement rêvé, il ne s'y est pas essayé, le Général tenant bien trop fermement les rênes. Le parti extrémiste est en tout cas à l'époque une puissance redoutable et oppressante, revendiquant plus de cinq cent mille adhérents, prétendant même atteindre neuf cent mille prises de cartes en 1947. Contrôlant la CGT réunifiée, attirant à lui une foule d'intellectuels prestigieux, régnant en despote sur le débat des idées, célébrant l'Union soviétique alors fort admirée pour les sacrifices inouïs consentis durant la guerre et plus encore redoutée pour son emprise sur la moitié de l'Europe, le PC apparaît à beaucoup aux portes du pouvoir. Jamais parti extrémiste n'a concentré en France pareille puissance.

Quelques mois plus tard, comme dans une tragédie antique, les éléments se déchaînent soudain et tout change derechef. Le rideau de fer tombe violemment, la guerre froide commence, la France, nerveuse et anxieuse, traverse une crise spectaculaire. Le général de Gaulle, rejetant avec une hauteur impérieuse le « régime des partis », a quitté le pouvoir et lance le RPF (Rassemblement du peuple français) qui remporte aussitôt une victoire fracassante aux élections municipales. La guerre d'Indochine tourne mal, dans l'Hexagone le ravitaillement manque. Le Parti communiste est, à sa grande surprise, exclu du gouvernement. Il n'y reviendra qu'en 1981, trente-quatre ans plus tard. Entre-temps, il se sera beaucoup battu, il aura beaucoup milité, manifesté, tempêté, lançant des grèves, alimentant des polémiques. Il n'a cependant jamais su ou pu peser de façon significative sur les orientations de la France.

Il s'opposait de toutes ses forces aux guerres coloniales : elles se sont succédé implacablement. Il a combattu comme personne le Pacte atlantique et l'entrée de la France au sein de l'OTAN : en vain, malgré le vrai succès de l'Appel de Stockholm. Il a tout fait pour empêcher l'adhésion de la France à la CECA (Communauté européenne du charbon et de l'acier), au Marché commun devenu l'Union européenne. Autant de batailles, autant de défaites. Il a lutté pour bloquer le retour du général de Gaulle et résisté à la naissance et à l'enracinement de la Vᵉ République : échec total. Durant la IVᵉ République, il a cependant toujours atteint au moins 25 % des voix aux élections législatives, il a conservé plus d'adhérents que n'importe quel autre parti, il a protesté, défilé, manifesté comme aucune autre formation, toujours mobilisé, toujours combatif, toujours organisé. Toujours vaincu.

Pourquoi ? Parce qu'il avait le sentiment populaire contre lui, qu'il faisait peur, qu'il était isolé, qu'il apparaissait comme une force imposante mais dangereuse, aux desseins dissimulés. Dans le domaine économique et social, il se montrait d'un sectarisme puéril, allant jusqu'à nier l'augmentation du niveau de vie, pourtant éclatante en ce temps béni, multipliant les propositions extravagantes. Dans le débat des idées, son étoile faiblissait. Par-dessus tout, c'est évidemment ses liens avec l'Union soviétique qui le handicapaient irrésistiblement.

Le blocus de Berlin, les émeutes en Allemagne de l'Est, en Pologne, le rapport Khrouchtchev, les chars russes à

Budapest, les procès, ce que l'on parvenait à savoir des camps en URSS, de la police politique, de la tyrannie perpétuelle, comment surmonter ce handicap-là ? D'autant plus que le PC ne déviait pas d'un pouce de son orthodoxie pesante et de son inféodation provocatrice. Maurice Thorez se présentait comme « le meilleur fils de Staline » et *L'Humanité* n'était qu'un long reportage énamouré sur le « paradis des travailleurs ». Guy Mollet, président du Conseil socialiste, proclame : « Le Parti communiste n'est pas à gauche, il est à l'Est. » En ce temps-là, l'extrémisme pesait lourd mais n'obtenait rien.

Pourtant, le PC disposait d'un ressort puissant, son enracinement exceptionnel dans les milieux populaires, ce que l'historienne Annie Kriegel avait baptisé la « contre-société ». Aujourd'hui, le PC n'est plus qu'une survivance mélancolique. À l'époque, il avait su mettre en place un tissu social incomparable avec lequel ne pouvait rivaliser que le tissu social de l'Église catholique. Une presse multiple, omniprésente ; des organisations spécifiques pour les femmes, les adolescents, les paysans, les anciens combattants, les intellectuels, les associations charitables, les enseignants, les sympathisants, les vétérans : un maillage robuste, la chaleur de la camaraderie, la vertu de l'engagement, la discipline stricte du parti, l'autoritarisme mais aussi l'amitié, la proximité, une espérance partagée, des illusions communes, des chimères exaltantes. Petit à petit, ce rude camaïeu s'est cependant effrité. En 1957, le PC ne comptait plus que deux cent soixante mille adhérents, les intellectuels l'abandonnaient précipitamment, la prospérité démentait ses thèses. Sans qu'il apparaisse encore décisif, le déclin commençait. La Ve République l'a jalonné de plus en plus cruellement.

Électoralement, il a perdu le cinquième de ses électeurs dès 1958, oscillant autour de 20 % jusqu'en 1981. La diffusion de sa presse a plongé. Les effectifs proclamés de ses adhérents ont engendré de plus en plus de scepticisme. Tout se liguait contre cet extrémisme-là : présidentialisation de la Ve République, malgré la belle performance de Jacques Duclos en 1969 (21,3 % des suffrages exprimés) grâce à sa verve pyrénéenne, à sa rondeur faussement bonhomme, à son accent rocailleux et à ses reparties cinglantes. En apparence, républicain à l'ancienne plus que révolutionnaire léniniste. Il n'empêche, institutions, mode de scrutin, irruption de la télévision ne constituaient pas un terrain favorable. Quant à l'Union soviétique, elle devenait un poids de plus en plus lourd. De 1958 à 1981, dans l'isolement puis dans l'unité mouvementée avec les socialistes, durant la fin des Trente Glorieuses comme avec l'apparition de la crise économique, le PC a pu croire qu'il maintenait l'essentiel. La bourrasque de 1968 l'avait pourtant pris de court, éberlué, choqué, décontenancé, vieilli. Il aurait dû s'inquiéter.

Son nouveau leader, Georges Marchais, un grand gaillard au visage expressif, au tempérament dominateur, combatif comme dix, un style décomplexé, pittoresque, avec des saillies qui enchantaient les téléspectateurs, des cuirs impayables et des colères tonitruantes, avait cru pouvoir stopper l'érosion. Il avait renoncé à plusieurs totems du léninisme (dictature du prolétariat, parti avant-garde), il avait exploré avec précaution une nouveauté « la voie française vers le socialisme ». Patatras, lorsqu'il affronte François Mitterrand à l'élection présidentielle de 1981, c'est la débâcle : 15,35 % des voix. Après cela, la suite n'est qu'un long chemin de croix.

Quelles que soient les circonstances, prospérité ou crise, isolement ou union de la gauche, droite au pouvoir ou PS aux commandes, le PC décline, s'enferre, s'enlise. À l'élection présidentielle de 2007, Marie-George Buffet, secrétaire nationale et dernière personnalité communiste à avoir osé affronter ce scrutin, n'a réuni que 1,9 % des voix, devancée, humiliation suprême, par le candidat trotskiste. Aux élections législatives, c'est à peine mieux, 4,3 %. Le Parti communiste se bat toujours, tente de se renouveler. L'effondrement de l'Empire soviétique, le poids de la crise sur son électorat, des moyens matériels désormais bien modestes, l'ascension météorique du Front national à l'autre extrémité de l'éventail politique, la concurrence fantasque des écologistes, le réformisme socialiste dominant décidément la gauche malgré tourments et divisions : tout joue contre l'extrémisme historique que constitue le PC. Celui-ci n'a plus ni le monopole de la protestation ni la palme de la démagogie, deux annexions de l'extrême droite, ni même le renfort encombrant d'un mouvement international structuré et puissant. Il est seul, démuni, décharné. Il n'a plus de vision, plus de projet de société. Son extrémisme est démodé. Il est devenu un parti révolutionnaire sans révolution, un parti internationaliste sans internationale, un parti de masse sans masse.

C'est bien pourquoi il a dû se résoudre à se ranger en 2012 derrière la bannière flamboyante et anachronique de Jean-Luc Mélenchon, transfuge du socialisme. Calcul judicieux mais dangereux. L'ancien benjamin du Sénat, lippe mauvaise, cravate ou écharpe vermillon, verbe haut et colère orageuse, n'en fait qu'à sa tête. Il est d'assez loin le meilleur orateur politique actuel, le plus littéraire, le seul capable d'improvisations hugoliennes, excellant dans les diatribes déchaînées, les dénonciations homériques, les interpellations jupitériennes.

Très conscient également de son talent superbe, narcissique éclatant, rétif indomptable. En 2012, il a réussi à arracher 11,1 % des voix à l'élection présidentielle. À l'extrême gauche, sa personnalité surplombe celle de ses rivaux dont il se soucie d'ailleurs comme d'une guigne. Il est incontrôlable. Il se considère comme le prêcheur inspiré d'une nouvelle croisade contre le capitalisme, le libéralisme, l'Europe, l'injustice, la misère, les inégalités, le XXIe siècle. Il est bien décidé à mettre le PC devant le fait accompli. Il part en guerre avec les armes d'une extrême gauche volcanique, revancharde, chimérique. Il renouvelle le genre et il incarne un personnage de redresseur de torts, de porte-parole charismatique des malmenés, des maltraités, des mal en point. Aucun dirigeant communiste, trotskiste, écologique ne lui arrive à la cheville. Il le sait et il en jubile. Il a trouvé son rôle sur le tard et il ne laissera personne l'en dessaisir. L'extrémisme de gauche, c'est lui. Dans son esprit, il est notre Chávez, notre Castro, notre Bolivar. Ce géant du verbe regarde les nains communistes de haut. En 2012, il les a bien servis. En 2017, il se servira d'eux.

Parviendra-t-il à rivaliser avec son ennemi juré, son contraire absolu, sa cible obsessionnelle, la toise maudite à laquelle il veut à tout prix se mesurer, l'extrême droite de Marine Le Pen ? Car c'est bien là son défi, hautement revendiqué, sa passion principale : faire reculer ce Front national qui l'a plusieurs fois distancé et l'a même humilié en le devançant nettement à l'élection présidentielle de 2012. Extrême gauche contre extrême droite, Jean-Luc Mélenchon veut sa revanche mais a fort peu de chances de la tenir.

Car depuis les années 80, l'extrême droite a irrésistiblement supplanté l'extrême gauche. Elle a pris l'ascendant et, pire encore, elle l'a fait en se saisissant de thèmes jadis dévolus à l'extrême gauche. C'est peut-être un hold-up, c'est sans doute un tournant, c'est certainement une stratégie téméraire, mais cela fonctionne à merveille. Le Front national éclipse complètement l'extrême gauche et lui dérobe méthodiquement ses sujets de prédilection. Plus précisément, l'extrême droite de Marine Le Pen bâtit sa popularité sur le socle du nationalisme exacerbé, traditionnel de ce côté-là, mais elle prépare sa conquête du pouvoir en détournant, c'est franchement inédit, une politique économique et sociale d'extrême gauche.

Le nationalisme, l'antiparlementarisme, la xénophobie, c'est, on le sait, toute la philosophie de l'extrême droite. Elle traverse l'histoire politique de la France. Elle naît à gauche, dès la Révolution, elle passe à droite, on l'a vu, avec l'aventure du général Boulanger. Elle prolifère à travers les Ligues dès la fin du XIXe siècle. Elle se structure, elle se renforce avec l'affaire Dreyfus, où elle démontre sa capacité à exacerber et à dramatiser les passions françaises. Barrès lui offre son prestige et colore de bleu horizon sa séduction sentimentale, Maurras la dote d'une doctrine implacablement méthodique où les idées s'emboîtent comme dans une mécanique suisse. La condamnation en 1926 de l'Action française par le pape Pie XI qui récuse le « politique d'abord » et rejette « le nationalisme intégral » lui porte un coup mais, avec la grande crise économique de 1929, les Ligues essaiment et se multiplient comme jamais, créant un climat de tensions et d'instabilité.

L'État français du maréchal Pétain constitue, de 1940 à 1944, la seule expérience de l'extrême droite au pouvoir dans ce pays. Elle est humiliante et désastreuse. La démocratie est suspendue, le statut des Juifs est promulgué, plus de partis, plus de syndicats, une Milice assassine, une économie corporatiste, un maréchal de France déshonoré. Après, pendant une décennie, l'extrême droite se terre alors.

Elle réapparaît sous une forme singulière avec le poujadisme qui, en 1956, réussit une entrée tonitruante à l'Assemblée nationale : il s'agit en réalité d'un populisme extrémisé, totalement protestataire, né de la colère des petits commerçants, des artisans, d'agriculteurs contre le fisc, les cotisations sociales, les réglementations. Pierre Poujade est un braillard, vindicatif et pittoresque, le verbe haut et la menace à la bouche. Il se réclame de Jeanne d'Arc – comme toujours l'extrême droite –, des jacqueries, des cahiers de doléances. André Siegfried, le fondateur de la sociologie électorale, le définit à merveille : « Le poujadisme est contre. Il est contre tout, contre le fisc, contre le Prisunic, contre la Sécurité sociale, les fonctionnaires, les inspecteurs des finances, les puissances d'argent. » Il incarne « le rouspéteur inconnu qui existe chez chacun de nous ». Il ne cache pas son antisémitisme, il est balayé par le retour au pouvoir du général de Gaulle. Durant la phase gaullienne de la Vᵉ République, l'extrême droite renoue avec la violence à travers l'OAS, ses attentats, ses bombes, ses traquenards, épilogue sanguinaire de la guerre d'Algérie, fatale aux pieds-noirs. De nouveau l'extrême droite disparaît jusqu'à la victoire de François Mitterrand en 1981.

Elle ressurgit théâtralement, on l'a vu, avec Jean-Marie Le Pen, ancien officier de parachutistes contesté, ancien député poujadiste, partisan logique de l'Algérie française et ennemi farouche du gaullisme. Dès 1986, son Front national atteint 9,7 % des suffrages aux élections législatives : l'extrême droite a toujours prospéré lorsque la gauche est au pouvoir. L'instauration du scrutin proportionnel lui permet même, c'était le but, d'obtenir trente-cinq députés qui manqueront à la droite parlementaire. En 1988, surtout, Jean-Marie Le Pen frôle les 15 % à l'élection présidentielle. Celle-ci, autre constante, handicape l'extrême gauche et favorise l'extrême droite. Rien de surprenant à cela : le nationalisme a besoin de s'incarner en un chef charismatique. Jean-Marie Le Pen, leader autocrate, tribun spectaculaire, débateur vénéneux, possède qualités et défauts pour cela.

L'extrême droite ne parvient à percer que lorsque quatre conditions sont réunies : une crise économique violente ou une tempête politique exceptionnellement symbolique (l'affaire Dreyfus), un pouvoir de gauche, un bouc émissaire étranger ou immigré et un chef autoritaire capable de jouer le rôle du tribun de la plèbe sous Rome. Les conditions sont réunies, elles qualifient même en 2002 Jean-Marie Le Pen pour le second tour de l'élection présidentielle.

Il n'est pas préparé pour le pouvoir, il n'y a jamais vraiment songé. En revanche, son thème obsessionnel, son leitmotiv trompeté et tambouriné d'estrades en studios, c'est l'étranger, c'est l'immigré, source de tous nos maux, responsable de tous nos malheurs. Sur ce registre-là, Jean-Marie Le Pen se montre extrêmement efficace, tordant les chiffres, réécrivant l'histoire, affolant les populations, anxiogène comme personne. Son antisémitisme irrépressible le handicape cependant en l'isolant et le discréditant. Quant à son programme économique, tout le monde s'en moque car personne ne croit à sa victoire. Il trouble, il mobilise, il menace mais il ne rassemble pas et il n'inspire aucune confiance. Il incarne pour toujours l'opposition extrême.

Avec Marine Le Pen, le scénario apparaît bien différent et beaucoup plus redoutable. La présidente du Front national a su habilement désamorcer les préventions et réorienter ses cibles. Plus d'antisémitisme avoué : bien au contraire, elle condamne fermement les dérapages récurrents de son père, faisant par contraste du vice paternel une démonstration de vertu personnelle. Elle respecte ostensiblement toutes les lois de la République, tous les principes constitutionnels. Elle détourne surtout avec une ingéniosité trompeuse le principe sacro-saint de la laïcité, toujours au centre des controverses françaises, aujourd'hui plus que jamais, et en fait une arme inédite légale et presque convenable pour enfiévrer la xénophobie et maquiller le racisme.

Pour elle, l'ennemi n'est plus le Juif (elle tente même en vain de se faire officiellement inviter en Israël) mais le musulman. Elle le cible de deux façons. D'une part, il envahit la France aux frontières ouvertes, il y fait irruption comme un flot continu qui grossit et submerge toutes les digues. C'est le thème de l'invasion, de la submersion, du « grand remplacement ». Le musulman est l'étranger. Il vole les emplois, il escroque la Sécurité sociale, il bénéficie d'aides indues, dérobées aux Français de souche, il ruine l'économie nationale. Les chiffres brandis sont régulièrement faux, grossièrement exagérés, les effets de l'immigration sont méthodiquement caricaturés. La pression migratoire intense venue du Moyen-Orient lui fournit cependant des arguments irrésistibles, quotidiennement relayés et amplifiés par la télévision, hystérisés par les réseaux sociaux. Face à la crise, au chômage, à la fiscalité, les Français sont tout prêts à l'entendre. Marine Le Pen a trouvé le meilleur angle possible au meilleur moment possible pour ajuster sa cible. Elle fait mouche à tous les coups.

Quant à la laïcité, elle la métamorphose avec une adresse cynique en arme antimusulmane. Elle trouve un terrain favorable : l'islam dérange les habitudes, conteste les mœurs et ne possède qu'un statut hybride. Religion tolérée mais mal organisée, hétéroclite, ayant fait irruption soixante ans après la loi fondatrice de 1905, elle est devenue la deuxième confession de France mais sans Église organisée (les imams autoproclamés sont légion), sans orthodoxie acceptée (le salafisme cherchant à imposer ses règles), sans traditions locales intégrées. Malgré les tentatives réitérées de dialogue officiel (au demeurant plus fécond avec les responsables des autres religions qu'avec les autorités de l'État), elle donne le sentiment de respecter les lois sans s'en satisfaire. D'où de multiples incidents quotidiens qui envahissent l'actualité : hôpitaux, crèches, écoles, vêtements, tout est sujet à polémique, propre à amplification et propice à exploitation politique.

Pire : une fraction de la jeunesse musulmane, née en France, de nationalité française, se rebelle et se radicalise. La violence la guette, parfois elle y succombe. Il ne s'agit que d'une infime minorité (les djihadistes sont moins de dix mille, leur mouvance, au sens large, n'atteint pas, et de loin, 1 % de la population musulmane) mais cela suffit largement pour exaspérer un sentiment d'insécurité, pour entretenir la défiance et la crainte, parfois pour déboucher sur d'abominables attentats.

La radicalisation d'une fraction de la jeunesse musulmane (ou l'islamisation de la radicalité), l'échec partiel de l'intégration d'une génération concentrant tous les handicaps sociaux possibles, l'éternelle tentation de la violence, tout offre à Marine Le Pen un incomparable renfort. Le drame de Calais lui garantit des voix supplémentaires, les « zadistes » ou les « no border », *a fortiori* les attentats, en font une sorte de prophétesse d'un avenir maudit. La xénophobie gagne, l'aversion pour l'islam progresse et le Front national engrange. L'extrême droite a trouvé un terrain trop fertile pour semer la peur et récolter des voix. Marine Le Pen est la jardinière de l'angoisse et la paysagiste de la colère.

Elle est moins cultivée que son père, elle est moins brillante mais elle est beaucoup plus efficace parce qu'elle est totalement de son siècle. Jean-Marie Le Pen entretenait sur un mode brutal et démagogique la nostalgie d'une France disparue, militaire, impériale, autoritaire. Marine Le Pen propose une version totalement contemporaine, presque moderniste de l'extrême droite. Elle a compris que pour jouer de la haine, il fallait savoir arborer le masque de la laïcité. Elle a également pressenti, sans doute convaincue par Florian Philippot, que le poujadisme économique était d'une autre époque, d'une autre République. Elle s'est donc convertie à un programme foncièrement démagogique et populiste mais qui bénéficie d'une apparence d'actualité : sortie de l'euro et, en réalité, sortie de l'Europe puisqu'elle multiplie les objectifs inconciliables avec les principes de l'Union : protectionnisme, loi anti-immigrés, frontières à l'ancienne, subventions étatiques à certaines branches industrielles, fiscalité discriminatoire, obstacles à la concurrence.

Par ailleurs, elle propose de revenir au dirigisme, à la planification, à l'interventionnisme de l'État. Elle promet de ramener les retraites à 60 ans, de garantir les 35 heures, d'augmenter SMIC et allocations sociales. Tout cela constitue un pastiche très délibéré des programmes économiques de la gauche des années 70, avec en prime une teinte provocante de nationalisme. Les classes moyennes diplômées et les « seniors » ayant de la mémoire ne prennent pas au sérieux une démarche aussi fantasmagorique. Mais dans les milieux populaires, là où le Front national a réussi une percée foudroyante, cela fait rêver et séduit. Les thèmes économiques agités par Marine Le Pen ont un air très sensible de cousinage avec ceux de Podemos ou de Syriza. Plus d'une mesure est également revendiquée par l'extrême gauche française.

D'ailleurs, qu'il s'agisse de la loi Macron ou de la loi El Khomri sur le code du travail, extrême gauche et extrême droite rejettent à l'unisson tout ce qui amorce la conversion de la France au social-libéralisme. Autant, s'agissant de l'immigration et de la xénophobie, tout les oppose, autant s'agissant de la politique économique, tout les rapproche.

La présidente du Front national sélectionne les appâts électoraux, rassemble toutes les recettes démagogiques pour continuer sa progression dans les scrutins. Elle est plus fine qu'elle n'en a l'air. Peu de prestance mais beaucoup de présence, avec la dureté minérale de son visage, son regard dominateur, son sourire carnassier, on pourrait ne remarquer que sa force et sa brutalité. Erreur : dans les débats, elle fait preuve d'une violence maîtrisée. Lors des meetings, elle se laisse parfois aller à des outrances moins contrôlées et à des charges dignes de son père. En règle générale, elle sait donner le change. Elle a parfaitement intégré le fait que pour l'emporter, l'extrémisme devait jouer de la peur des Français sans inspirer lui-même d'inquiétude. Comme l'a excellemment formulé la sémiologue Cécile Alduy, Marine Le Pen a inventé « l'extrémisme euphémisé ».

Les Français peuvent-ils s'y laisser prendre ? Les circonstances n'ont jamais été aussi favorables à l'extrême droite. Le Front national est maintenant solidement implanté dans les milieux populaires urbains. Il gagne très vite chez les agriculteurs. Il avance dans les bourgs et les petites villes de la grande banlieue, là où l'isolement et la distance pèsent, là où le sentiment d'abandon de l'État, d'absence des services publics aigrit les esprits. La crise économique n'est pas près de disparaître. La pression migratoire affole, l'insécurité insupporte. La déconstruction de l'Europe ne peut qu'accroître le sentiment d'incertitude, de vulnérabilité. Les attentats créent un climat anxiogène, inconnu depuis des décennies. L'exemple britannique peut faire croire à d'illusoires alternatives. La méfiance, voire le mépris des Français vis-à-vis du monde politique, n'a jamais atteint son degré actuel depuis que l'on mesure avec précision l'opinion. Tapis rouge pour l'extrême droite.

L'extrême gauche ne propose, avec Jean-Luc Mélenchon, qu'une incantation littéraire. La gauche se divise, se fracture, se débat dans une sorte de guerre civile interne, absurde et suicidaire. La droite parlementaire a pour principale supériorité de se trouver (involontairement) dans l'opposition et de bénéficier de la « droitisation » incontestable de la société française. Elle n'en est pas moins divisée. Tout est en place pour une nouvelle progression de l'extrême droite qui, dans toute l'histoire politique de la France, n'a jamais atteint de pareils sommets électoraux. Son appareil est faible, ses élus sont médiocres, ses troupes militantes sont peu nombreuses, mais tout se joue de plus en plus directement entre les candidats et l'opinion, par-dessus les partis, les syndicats et les corps intermédiaires. La télévision d'information continue et les réseaux sociaux y contribuent puissamment en fragmentant, dramatisant et caricaturant l'actualité. Preuve en est la prolifération des fantasmes et du conspirationnisme, des rumeurs et des polémiques qui ont éternellement constitué l'humus de l'extrémisme.

Jusqu'à présent, une nette majorité de Français, près des deux tiers, a cependant toujours résisté à la tentation de l'extrémisme. Même parmi eux, les idées de Marine Le Pen en matière d'immigration et d'insécurité progressent néanmoins. La présidente du Front national n'est cependant considérée ni comme possédant la stature d'un chef d'État, ni comme une personnalité rassembleuse ou honnête. La sympathie qu'elle suscite ne dépasse pas les rangs de ceux qui cèdent à la colère, au ressentiment et à la xénophobie. Y a-t-il une certitude que cette frontière invisible subsiste ? Le fameux « plafond de verre » qui a limité les gains du Front national aux deuxièmes tours résisterait-il à une série d'attentats, à un nouvel afflux de réfugiés ou de migrants économiques, à une nouvelle crise dans la crise, à une débâcle financière ou à une guerre monétaire ? Peuvent-ils croire à la supercherie d'un affrontement électoral entre, pour reprendre le vocabulaire fétiche de l'extrême droite, « patriotes » et « mondialisés » ? Peuvent-ils succomber à la fameuse séduction de ce que Tocqueville appelle « la société imaginaire » ? Machiavel, on l'a déjà cité mais cette phrase dit tout, écrivait que « l'homme n'est pas un être de raison et d'harmonie mais de désirs et d'insatisfactions ». La formule s'applique particulièrement bien à l'Hexagone, depuis toujours mais particulièrement aujourd'hui. Les Français démentiront-ils Machiavel ?

L'extrémisme n'a jamais été aussi fort depuis les guerres civiles et les guerres de Religion. Les institutions, heureusement, sont robustes, et l'Europe joue quand même le rôle d'un pare-feu. La France n'est pas une île. Mais les braises sont là et il devient impératif, pour éviter le pire, la régression nationaliste et populiste, que les futures alternances ressemblent enfin à des alternatives crédibles, que les programmes proposés s'ancrent dans la réalité au lieu de faire miroiter des chimères et que les citoyens puissent ainsi vérifier que leurs choix électoraux s'appliquent. En somme, que leur souveraineté s'exerce effectivement. Que s'éloigne le spectre des années 30. Bref, que les Français aient appris quelque chose de leur histoire.

7

L'intellectualisme

La politique française se pique d'intellectualisme, c'est là son moindre défaut. Dans ce pays, le débat des idées ne se repose jamais et s'enflamme facilement. Ici, les passions idéologiques imprègnent les esprits, enracinent les préjugés, envahissent l'espace politique, s'imposent dans les médias, bousculent les rentrées littéraires, s'invitent en permanence dans les séances parlementaires. Elles peuvent être inexactes, imprécises, démenties par les faits, devenir caduques ou même n'avoir jamais correspondu à la réalité. Peu importe : elles marquent, elles comptent, elles pèsent, elles enflamment. À Paris, l'éthique de conviction l'emporte toujours sur l'éthique de responsabilité. Je crois, donc je suis, c'est le mot d'ordre sous tous les régimes, sous toutes les majorités.

Absolutisme monarchique ou dictature robespierriste, aventure impériale ou critique libérale, juste milieu ou insurrection populaire, république des ducs ou socialisme utopique, guesdisme, jauressisme, solidarisme, clemencisme, marxisme, conservatisme, pacifisme, vichysme, collaborationnisme, résistancialisme, gaullisme, communisme, mendésisme, européisme, antitotalitarisme, populisme, cléricalisme, social-démocratie, social-libéralisme, gauchisme, nationalisme, toutes les doctrines, toutes les idéologies, toutes les croyances, toutes les utopies, toutes les chimères, toutes les aventures s'affrontent, se combattent, se déchirent. En France, la lutte des idées domine la lutte des classes. Les fantasmes pèsent plus que les intérêts. La politique, si prosaïque, comporte néanmoins ici quelque chose de quasi religieux. Les certitudes balaient les faits, les controverses se moquent des savantes études. Les idées, les représentations, les mythologies règnent, pour le meilleur comme pour le pire, qu'elles soient justes ou fausses. Intellectualisme.

C'est aussi que l'histoire et la littérature tiennent dans l'Hexagone une place politique particulière. « Voilà une caractéristique psychologique des Français que de penser la politique en termes d'histoire », écrivait le sage politologue François Goguel. Dans l'Hexagone, l'évocation d'une simple date déclenche sur-le-champ un déchaînement de furies. 1793 était une année sainte ou une année maudite ? La Commune de Paris fait-elle bondir les cœurs ou transpirer la haine ? L'affaire Dreyfus reste-t-elle une référence fondatrice ? Les mutins de 1917 déchirent-ils toujours les hémicycles parlementaires ? Le vichysme était-il un fascisme français ? Le 13 mai 1958 était-il un coup de force camouflé ? L'Algérie française était-elle une illusion sanglante ? Mai 68 marquait-il la naissance d'une nouvelle modernité ou la fin de valeurs essentielles ? Les grandes grèves de 1995 constituaient-elles une résistance héroïque à la crise ou bien le refus aveugle des changements nécessaires ? Le rejet du référendum constitutionnel européen de 2005 représentait-il un sursaut patriotique ou le début du déclin de l'influence française en Europe ? Poser n'importe laquelle de ces questions, mettre en doute l'une de ces convictions, bousculer l'un de ces totems, et c'est aussitôt la tempête, un déferlement d'invectives, la mobilisation générale de toutes les éloquences disponibles, une bataille parlementaire homérique. Les dates symboliques sont taboues. En France, on ne plaisante pas avec l'Histoire. Encore l'intellectualisme.

Est-ce une particularité française ? Toutes les nations ont certes leurs références historiques, leurs dates clés, des événements qui bâtissent les monuments de leur mémoire. Plus elles sont anciennes, plus leur histoire est tumultueuse, plus leur récit national compte. À cette aune-là, la France, plus ancien État-nation d'Europe, ayant joué un rôle central et particulièrement mouvementé dans l'évolution du Vieux Continent, se distingue forcément.

Il y a plus. Outre sa propension spécifique aux passions idéologiques et aux invocations historiques, la France mêle comme aucun autre pays politique, histoire et littérature, avec constance, avec intensité, parfois avec aveuglement. L'intellectualisme constitue bel et bien une dimension spécifique, caractéristique du tempérament politique national. Pour faire carrière, les hommes politiques doivent publier des livres, démontrer des dispositions littéraires. Plus leurs ambitions et les circonstances les mènent haut, plus leur production éditoriale doit impressionner. Un homme politique français qui n'est pas aussi un écrivain ne sera pas un homme d'État.

Symétriquement, dans aucun autre pays les intellectuels ne se mêlent autant de politique, dans aucun autre pays ils n'exercent pareille influence. Non seulement l'écrivain engagé est une spécialité nationale, au même titre que le fromage, la haute couture, les châteaux Renaissance ou les grèves des contrôleurs aériens, mais il est écouté, respecté, admiré, voire invoqué. Dans tous les pays démocratiques du monde, un grand écrivain peut exercer un magistère politique : il n'y a pas de discours politique réussi au Royaume-Uni qui ne cite Shakespeare ou en Allemagne Goethe, Fichte et Nietzsche, qui ont exercé une influence intellectuelle et morale inoubliable.

Dans son premier livre *La Discorde chez l'ennemi* (1924), le capitaine de Gaulle expliquait les défaillances du haut commandement allemand durant la guerre de 1914-1918 par l'influence néfaste des théories de Nietzsche sur la mentalité des principaux stratèges. Réciproquement, les *Mémoires* de Bismarck ou surtout de Churchill complètent pour l'éternité leur statut historique.

Reste que l'obligation pour un homme politique ambitieux de publier des livres s'impose en France comme nulle part ailleurs. C'est Thibaudet, le plus fin et le plus savant exégète des rapports entre politique et littérature, qui remarquait qu'« il y a en France une mystique du livre ». Quant à la place des intellectuels dans le débat politique français, elle frappe, elle divertit et parfois elle inquiète les observateurs étrangers. Leur talent n'étonne pas mais leur importance surprend. À demi-mot, on comprend que ces observateurs se demandent : une nation qui accorde tant de place et de prix aux interventions des intellectuels en politique est-elle vraiment une nation sérieuse ? Ne s'agit-il pas là d'une forme de snobisme saugrenu et futile ? Quant aux publications des dirigeants politiques français, ceux-ci n'ont-ils pas mieux à faire ? Ne serait-ce pas là l'aveu d'une sorte d'amateurisme déplacé ? En somme, les politiques ont-ils raison d'écrire, et les écrivains n'ont-ils pas tort de vouloir peser en politique ?

S'il fallait fournir une illustration spécifique du prurit littéraire des politiques ambitieux et du prurit politique des intellectuels engagés, l'approche de l'élection présidentielle de 2017 fournirait une moisson de preuves. Du côté politique, c'en est presque comique, pas un candidat virtuel ou déclaré n'a manqué à l'appel. Alain Juppé en est à son troisième livre en six mois et en annonce d'autres. François Fillon a jeté dès le départ toutes ses forces dans la bataille en publiant *Faire*, un livre programmatique et autobiographique soigné. Nicolas Sarkozy a de nouveau déclaré sa flamme aux Français avec un texte plus personnel, *La France pour la vie*. Jean-François Copé a accompli son devoir. Nathalie Kosciusko-Morizet a proclamé avec optimisme *Nous avons changé de monde*. Bruno Le Maire, le plus authentiquement littéraire de tous, a appelé les électeurs à la transgression en sa faveur avec *Ne vous résignez pas*. Philippe de Villiers fait craindre son retour en politique en assurant *Le moment est venu de dire ce que j'ai vu*. Il y démontre d'ailleurs qu'il porte des lunettes très particulières. Christiane Taubira a inquiété François Hollande en chuchotant son *Murmure à la jeunesse*. Jean-Luc Mélenchon a préempté la victoire en publiant *L'Ère du peuple* dont il serait naturellement le héros. Marine Le Pen signera le moment venu le livre requis. Manque François Hollande mais c'est bien naturel : voulant entretenir le suspense sur sa nouvelle candidature, il attend l'heure de sa déclaration pour faire paraître l'opus obligatoire. En 2016, pour un homme ou une femme politique, le livre devient la preuve de sa candidature et l'annonce de sa campagne.

De leur côté, les intellectuels ne sont pas en reste. Pendant que les hommes politiques muent en auteurs, les écrivains se transforment en débatteurs. La place qui leur est accordée est même impressionnante. Le projet de loi El Khomri sur la réforme du code du travail ? On commente beaucoup plus l'affrontement entre nos deux économistes stars, le prix Nobel Jean Tirole, favorable à un texte qu'il juge trop timide, et Thomas Piketty, auteur du célèbre *Le Capital au XXIe siècle*, hostile au projet qu'il considère régressif, que les arguments des ministres ou de leurs adversaires. Au moins s'agit-il en l'occurrence d'intellectuels aux compétences reconnues, parfaitement légitimes sur le sujet, même si le point de vue des politiques responsables du destin du texte ne mérite pas d'être éclipsé.

Quand, sur un autre terrain, l'islam fait l'objet d'une furieuse controverse, le Premier ministre Manuel Valls, l'ancien président Nicolas Sarkozy ou la présidente du Front national Marine Le Pen peuvent bien s'égosiller, on n'entend, on n'écoute qu'Alain Finkielkraut, Éric Zemmour ou Michel Onfray, trois auteurs renommés, trois écrivains de qualité, trois intellectuels hautement symboliques mais dont, sur le sujet, le talent surpasse la compétence et chez qui les sentiments l'emportent en l'occurrence de beaucoup sur les connaissances. Bien plus : les principaux hebdomadaires choisissent alors à l'unisson de faire leurs couvertures sur les fameux intellectuels en question plutôt que sur les protagonistes politiques en charge du dossier. L'avis des essayistes renommés éclipse l'argumentation des ministres ou des opposants. Toujours l'intellectualisme.

Que les hommes politiques français d'envergure se sentent obligés de démontrer qu'ils sont aussi des intellectuels politiques et même des auteurs prolifiques, le cas des présidents de la Ve République le prouve là aussi de façon irréfutable, jusqu'au pittoresque. Certes, leurs homologues des pays voisins publient ponctuellement leurs mémoires, une fois leur mandat achevé, mais chez nous le livre apparaît clairement comme une arme de combat privilégiée et l'écriture, comme un rituel de séduction politique. Depuis 1958, tous les chefs d'État, sans exception, ont voulu démontrer qu'ils sont aussi des auteurs politiques. Tous ont d'ailleurs obtenu de grands, parfois d'immenses succès de librairie.

Le général de Gaulle a d'abord été un écrivain militaire avant 1939, ce qui est fort rare chez un jeune officier d'active. Il a obtenu des succès d'estime, assez confidentiels, grâce à la vigueur et à l'originalité de ses thèses (armée de métier, rôle primordial des chars, conception du commandement et de l'autorité). Il déployait déjà un style cornélien, altier et solennel. Le Général a toujours été un virtuose de l'imparfait du subjonctif. Ses *Mémoires de guerre*, en revanche, ont remporté un succès prodigieux, largement mérité, même si l'ampleur des vues politiques prenait parfois le pas sur la vérité historique. Reste que l'écriture Haute Époque est superbe. Charles de Gaulle était assurément un grand écrivain politique. La littérature classique l'imprégnait autant que l'histoire, la stratégie ou la diplomatie. Les *Mémoires d'espoir* étaient encore de belle tenue. Ses livres constituaient à la fois des actes politiques majeurs longuement médités et une œuvre littéraire ambitieuse. Dans ce domaine comme dans les autres, le président fondateur de la Ve République surplombe ses successeurs, homme d'État hors de pair, auteur politique d'imposante envergure. Ici et là, souverain majestueux.

Georges Pompidou était bien trop intelligent et bien trop réaliste pour chercher à rivaliser avec lui, y compris dans le domaine littéraire. Le successeur du Général était pourtant, des présidents de la Ve République, le plus naturellement littéraire, de goût et de formation. Il a publié une estimable anthologie poétique qui, sans rivaliser avec celle de Gide, révèle un tempérament sensible, réfléchi et profond. Ses livres politiques ont moins d'ampleur que ceux de Charles de Gaulle et visent moins haut mais constituent de vigoureuses mises au point politiques, parmi lesquelles se détache *Pour rétablir une vérité*.

La vocation littéraire de Valéry Giscard d'Estaing, polytechnicien et inspecteur des Finances, était moins évidente. Il a pourtant écrit plusieurs essais politiques marquants qui ont remporté des succès considérables et constituaient autant d'initiatives soigneusement préparées : *Démocratie française*, publié au milieu de son septennat à la surprise générale, une sorte de bréviaire du centrisme modernisé ou du libéralisme revisité, afin de théoriser son action ; *Deux Français sur trois*, un livre de reconquête pour clore sa traversée du désert et prouver qu'il possédait des idées neuves en réserve ; enfin et surtout *Le Pouvoir et la vie*, ses mémoires politiques, un témoignage évidemment engagé mais passionnant et limpide. En revanche, sa production romanesque, incongrue et désuète, ne doit être considérée que sous un angle ludique ou mondain. L'ancien président a néanmoins démontré à son tour que des livres peuvent constituer de puissants instruments politiques.

François Mitterrand a toujours rêvé d'être écrivain. Chez lui, non seulement la littérature, l'histoire et la politique s'entrecroisent intimement, mais il a une approche typiquement littéraire de la politique et même une conception romanesque du pouvoir. Il a écrit dès son adolescence, a publié dès qu'il l'a pu, jeune ministre de la IVe République aux dents longues, des livres aux intentions politiques évidentes mais d'intérêt médiocre. En revanche, la Ve République l'a beaucoup mieux inspiré. Il s'est révélé pamphlétaire redoutable et auteur de talent, avec une jolie plume, acide, acérée, raffinée, parfois maniérée. Son *Coup d'État permanent* l'a installé au premier rang des adversaires du général de Gaulle, *Ma part de vérité* l'a aidé à reconquérir la gauche. Ses multiples chroniques l'ont distingué des autres candidats à l'élection présidentielle. Ses mémoires dialogués ont sculpté avec minutie l'image très personnelle (et très contrôlée) qu'il a voulu laisser à la postérité. Pour François Mitterrand, écrire est une passion, une vocation et un combat.

Pour Jacques Chirac, publier est une arme et une nécessité. L'ancien maire de Paris n'est pas un écrivain.

Il inspire d'ailleurs plus ses livres qu'il ne les rédige lui-même. Il est, en ce sens, la démonstration parfaite de ce que la marche vers le palais de l'Élysée doit obligatoirement être scandée par une production littéraire. Il se plie donc à la règle, sans éclat mais avec profit. Sa campagne victorieuse de 1995 est illustrée par deux petits livres habiles et sympathiques qui rehaussent son image. Les *Mémoires* qu'il propose après son double mandat remportent un grand succès et fixent une représentation chaleureuse de leur auteur. Elles ne sont pas un modèle de véracité mais elles donnent à son action une cohérence qui l'éclaire.

Nicolas Sarkozy n'est pas non plus un prosateur mais il prend la plume lui-même et n'écrit pas pour ne rien dire. Il s'engage, il se livre, il déroule ses plans, il se justifie, il s'expose, il se bat. Chacun de ses sept livres peut se lire comme un scénario politique et comme un autoportrait. Ce n'est pas de la littérature mais cela ne laisse jamais indifférent. On l'achète beaucoup et on le lit vraiment.

François Hollande est un auteur plus pudique et moins téméraire, plus sophistiqué et moins extraverti. Peu de notations personnelles, beaucoup d'analyses, moins de révélations et plus d'idéologie. Ce sont les devoirs de vacances d'un candidat sérieux à la présidence de la République, un rite rempli avec bonne grâce puisqu'il faut en passer par là pour être élu. François Hollande peut être un orateur inspiré, il maîtrise à merveille l'art de la conversation et les codes de l'indiscrétion, mais cela ne transparaît guère dans ses livres. Il est plus intellectuel politique qu'écrivain politique.

D'ailleurs, parmi les hommes politiques en général, il faut distinguer différentes catégories d'auteurs. Il y a les mémorialistes, les théoriciens, les essayistes, les candidats et les polémistes. Pour être polémiste, il faut un vrai talent d'écriture et des dents bien aiguisées : Mélenchon aujourd'hui ou Philippe de Villiers sont sans doute les plus talentueux, même s'ils n'égalent pas François Mitterrand ou Michel Debré hier, Clemenceau ou Barrès avant-hier (et de loin...), *a fortiori* Mirabeau ou Benjamin Constant autrefois.

Pour devenir candidat il n'est en revanche, on l'a vu, pas nécessaire de posséder un vrai talent littéraire mais il est indispensable de publier des livres. Tous s'y plient donc, les écrivant eux-mêmes, s'ils ont du talent ou du courage, les faisant écrire s'ils en ont les moyens. Rien ne garantit le succès de leurs œuvres, la plupart se vendent mal. Lorsqu'un candidat remporte un vrai succès de librairie, c'est déjà la preuve qu'il figure parmi les mieux placés. Le succès éditorial précède le succès électoral mais s'il y a beaucoup d'appelés, il y a peu d'élus : les scores des libraires confirment en l'occurrence la Bible. Au demeurant, neuf auteurs politiques sur dix ne trouvent pas de lecteurs et le livre politique ne sert le candidat que si celui-ci est déjà engagé sur la voie du succès. Peu importe cependant aux intéressés : ils savent bien qu'en France si le livre ne garantit pas la victoire politique, la victoire politique ne se passe pas du livre. Intellectualisme.

S'agissant des mémorialistes, c'est une tout autre affaire. Les Mémoires n'existent par principe qu'après les combats. Les plus illustres des combattants ne veulent laisser à personne d'autre qu'à eux-mêmes le soin de sculpter leur statue et de narrer leurs exploits. De Jules César à Napoléon, les grands conquérants ont toujours voulu raconter leur épopée à leur façon. En l'occurrence, ils l'ont fait avec une intelligence merveilleuse et parfois une imagination prodigieuse. Des maréchaux du Premier Empire, le seul à tirer son épingle littéraire du jeu est Marmont dont les Mémoires venimeux sont néanmoins intelligents et bien tournés. En revanche, les maréchaux français de la Première Guerre mondiale n'ont laissé derrière eux que des livres bien ennuyeux. L'homme politique mémorialiste et intéressant est devenu, à l'exception des ex-chefs de l'État, un animal fort rare. Le XIXe siècle en a beaucoup connu d'excellents. Le XXe siècle les a vus se clairsemer. De la période gaullienne on ne peut guère retenir, venant d'hommes politiques, que le *Journal* de Jacques Foccart, l'homme de l'Afrique et des services secrets à l'Élysée, et surtout les trois tomes de l'extraordinaire *C'était de Gaulle* d'Alain Peyrefitte, le dernier grand intellectuel politique gaullien. Après lui, sous les présidences qui se sont succédé, plus de grands livres de mémoires sous la plume d'hommes politiques, comme si la floraison des biographies avait découragé les mémorialistes.

En revanche, si les hommes politiques français ont renoncé aujourd'hui à être des théoriciens, ils continuent d'être des essayistes prolifiques. Un Sieyès ou un Benjamin Constant ont été à la fois des constitutionnalistes et des théoriciens éminents. Sous Louis-Philippe, les doctrinaires (Guizot, Victor de Broglie) théorisaient leur action. Jaurès, Léon Blum se situaient encore aux confins de la théorie et de l'essai. Au moins publiaient-ils des ouvrages profonds, comme Pierre Mendès France (*Pour une république moderne*). Un Jean-Pierre Chevènement échafaudait des théories, certes tout à fait anachroniques mais vigoureuses et cohérentes.

Aujourd'hui, aucun homme politique n'ose réellement rédiger de projet de société, aucun ne s'aventure à élaborer une doctrine, à avancer une théorie. Le temps politique s'accélère jusqu'à la folie, l'information continue hystérise et nivelle à la fois tous les événements. Le temps long de la théorie politique semble avoir vécu, au moins de la part des praticiens de la politique, des hommes politiques à proprement parler. Ils s'essoufflent à courir derrière une actualité frénétique, ils expient les échecs qui se sont accumulés depuis le début de la crise. Ils n'osent donc plus théoriser, même à gauche où l'on cultive l'esprit de système plus volontiers qu'à droite. Ils abandonnent la théorie aux intellectuels de métier, aux Pierre Rosanvallon, aux Marcel Gauchet, aux Pierre Manent. Lorsqu'ils conservent de l'ambition intellectuelle, ils se cantonnent plutôt aux essais politiques.

Sur ce terrain-là, leur production demeure très honorable. L'homme politique qui, sous la Ve République, a produit les essais les plus marquants s'appelle à coup sûr Alain Peyrefitte. C'est un cas étrange. Incarnation politique de la loi et de l'ordre, principal confident du général de Gaulle, ministre finalement malheureux, il s'est révélé comme un écrivain politique libéral d'immense talent, comme un essayiste de grande envergure. *Le Mal français*, *Quand la Chine s'éveillera*, *La Société de confiance* sont des livres qui ont marqué et qui voyaient très loin. Sur les bancs opposés, un Michel Rocard, un Lionel Jospin ont publié de nombreux essais, vigoureux et réfléchis. Manuel Valls est visiblement tenté de les imiter. Un Édouard Balladur, un Raymond Barre, ou sur un ton différent et avec un sens exceptionnel de la vulgarisation un Jean-Jacques Servan-Schreiber, cumulaient encore mandats politiques et gouvernementaux avec la réflexion politique. Tous possédaient au moins une vision de la société et du système politique, comme durant l'entre-deux-guerres un Léon Blum à gauche, un André Tardieu à droite, capables l'un comme l'autre de diriger des gouvernements mais aussi de proposer de véritables projets d'avenir, à la fois hommes d'État et intellectuels prospectifs, sinon prophétiques. Les présidentiables actuels s'y essaient avec plus de timidité mais sans renoncer, sans abdiquer. Ils y sont plus ou moins contraints car, comme l'avait bien compris le premier Georges Pompidou (il l'écrit dans sa préface au *Nœud gordien*) : « Nul ne peut désormais imaginer de gouverner sans procéder à une sorte d'examen de conscience politique. »

Reste qu'actuellement on ne peut plus soutenir que le « pouvoir spirituel », pour reprendre l'expression d'Alain, appartient aux hommes politiques. Ceux-ci peuvent et, à partir d'un certain niveau, doivent, c'est une règle française non écrite, faire la démonstration qu'ils sont aussi des intellectuels. L'influence des intellectuels sur le débat politique apparaît cependant nettement plus marquante que l'influence des hommes politiques sur le débat intellectuel. Cela vaut peut-être mieux pour la qualité du débat démocratique. Cela vaut malheureusement beaucoup moins pour l'apprentissage de la réalité. Les hommes politiques ne parviennent plus à peser suffisamment sur les faits, les intellectuels ne parviennent toujours pas à prendre les faits en considération. Peut-être même y parviennent-ils de moins en moins bien.

Avant de regarder cela de plus près, encore faut-il distinguer, là aussi, entre les différents rôles que peut tenir un intellectuel en politique. De même que chez les politiques il y a des mémorialistes, des essayistes, jadis des théoriciens, de même chez les intellectuels participant au débat politique il y a les mandarins et les polémistes, l'intellectuel « spécifique » et l'intellectuel « total », selon la distinction de Michel Foucault, le premier intervenant dans son domaine de compétences, le second s'affichant en spécialiste de l'universel… Il y a encore le savant, par exemple le grand historien, ou l'intellectuel médiatique que Kundera définit d'un cinglant « un clown de mass media », il y a l'intellectuel conservateur que Paul Nizan a nommé pour l'éternité « le chien de garde » et l'intellectuel progressiste ou révolutionnaire. Il y a encore l'intellectuel conseiller du Prince et l'intellectuel doctrinaire.

L'intellectuel doctrinaire ? Par exemple les grands économistes français (Say, Bastiat, etc.). Le conseiller du Prince ? Jacques Attali l'a été pleinement auprès de François Mitterrand et Raymond Aron n'aurait pas dédaigné l'être auprès de Valéry Giscard d'Estaing. L'intellectuel progressiste ou révolutionnaire ? La France en regorge, c'est sa spécialité au sein de sa spécialité. Zola, Aragon et surtout Jean-Paul Sartre, l'archétype absolu, en sont les figures imposées, mais on pourrait en citer cent autres. L'intellectuel conservateur ? Il n'en manque pas non plus, Sainte-Beuve ou Taine, Barrès ou Claudel, Paul Morand ou Alexis Leger, François Nourissier ou Michel Déon. L'intellectuel médiatique ? Bernard-Henri Lévy bien sûr, mais à d'autres moments et dans d'autres médias, Benjamin Constant, Victor Hugo, Zola toujours, et des régiments entiers d'écrivains ou d'artistes feraient l'affaire. Le savant ? Auguste Comte, Renan, Aron s'imposent. L'intellectuel « spécifique » ? Foucault lui-même, Barthes, Lacan. L'intellectuel « total » ? Edgar Morin en est aujourd'hui un bon exemple mais pour l'éternité Voltaire, Rousseau, Montesquieu, Montaigne bien davantage encore. Des polémistes ? Paul-Louis Courier assurément, Rochefort bien sûr, Léon Daudet, Jacques Bainville ou aujourd'hui Michel Onfray, Éric Zemmour, Emmanuel Todd, Alain Badiou. Des mandarins enfin ? Paul Bourget, Anatole France, Paul Valéry par exemple. Le plus brillant, le plus aimé, le plus français de nos auteurs actuels, Jean d'Ormesson, ferait lui aussi un très convaincant mandarin de première classe. On l'imagine fort bien en robe de soie chamarrée aux amples manches, portant la natte rituelle sur la nuque.

Aux frontières des intellectuels engagés – pléonasme – se trouvent aussi une poignée d'éditorialistes, grands journalistes et bons écrivains dont Jean Daniel est le modèle, et jadis Louis Pauwels, Pierre Viansson-Ponté ou surtout Hubert Beuve-Méry, des exemples bien connus. Ce sont les intellectuels des confins où ils retrouvent d'ailleurs de grands écrivains qui ont choisi de se dédoubler en chroniqueurs politiques prolifiques, d'Albert Camus à François Mauriac. L'intellectuel français appartient donc à une galaxie complexe et variée. Presque une Église. Jean Dutourd, qui avait beaucoup d'esprit, volontiers iconoclaste, avait écrit : « L'intellectuel n'est ni un homme ni une femme. C'est un ecclésiastique [...] Il met sa dialectique, son talent, quand il en a, au service de la pire des passions, la politique, c'est-à-dire qu'il applique à des fins impures et basses des facultés qui ne sont pas faites pour cela. » Bien entendu, Dutourd exagère et provoque, il adorait cela.

On peut néanmoins imaginer aisément ce que serait une Église intellectuelle française avec son haut clergé et son bas clergé, avec son pape (Hugo ou Sartre), son camerlingue (Jean d'Ormesson, cela va de soi), ses cardinaux impérieux (dans les années 50 Camus, Malraux, Mauriac, Aragon), ses archevêques dominateurs (aujourd'hui Alain Finkielkraut, Michel Onfray, Edgar Morin, Régis Debray, Pierre Nora, Marcel Gauchet, Jacques Julliard). Éric Zemmour ferait un évêque aux armées provocateur et belliqueux, Hélène Carrère d'Encausse pourrait présider avec son autorité habituelle l'assemblée des cardinaux, archevêques et évêques de France, Natacha Polony ferait un protonotaire apostolique redoutable et Patrick Besson un monsignor diabolique. Quant à la vocation de Grand Inquisiteur, les candidats se presseraient, avec un avantage indéniable pour Maurras ou Aragon. On pourrait même mettre des noms sur les provinciaux des Jésuites et des Dominicains, sur les pères abbés des Trappistes ou des Bénédictins. L'intellectuel engagé appartient à une grande famille, colérique et diverse, fractionnée et cependant rompue aux mêmes codes, aux mêmes rituels, aux mêmes références.

Jean-Paul Sartre a écrit : « Un intellectuel, c'est cela pour moi : quelqu'un qui est fidèle à un ensemble politique et social mais qui ne cesse de le contester », ou mieux : « L'intellectuel est quelqu'un qui se mêle de ce qui ne le regarde pas et qui prétend contester l'ensemble des vérités reçues et des conduites qui s'en inspirent au nom d'une conception globale de l'homme et de la société. » Au moins son action a-t-elle été cohérente avec cette formule. On peut néanmoins préférer cette définition plus subtile de Drieu la Rochelle : « Un véritable intellectuel est toujours un partisan mais toujours un partisan exilé : toujours un homme de foi mais toujours un hérétique. » Une conviction qui l'a conduit jusque dans un territoire maudit mais sa formule était bien sentie et bien exprimée.

Les premiers intellectuels de renom ayant recherché et exercé une influence politique dans la société française, et largement au-delà, sont évidemment les philosophes des Lumières. Bien sûr, avant eux, les *Essais* de Montaigne ont tenté d'insuffler tolérance, modération et humanité au sein d'une France qui en était fort dépourvue. Ceux des bourgeois lettrés et des membres de la nombreuse magistrature qui n'étaient pas emportés par leurs fureurs religieuses en faisaient leur miel. Bossuet, lui, excitait au contraire les passions, enracinait le gallicanisme, magnifiait le culte du roi de droit divin, bénissait l'absolutisme. À leur manière, Corneille, Racine, Molière célébraient qui le monarque héroïque (Corneille), qui le prince martyrisé par le destin (Racine), qui à mi-voix la liberté d'expression (Molière). Une influence cependant indirecte et codée.

Montesquieu, Voltaire, Rousseau, c'est tout autre chose : avec ces trois illustres écrivains-là naissent les trois premiers écrivains engagés au sens moderne, ayant voulu et exercé effectivement une influence décisive sur le débat des idées, en France et dans toute l'Europe. On peut dire qu'ils ont fait évoluer la société en profondeur. Montesquieu le modéré, le réfléchi, le méthodique, le profond avec sa théorie de la séparation des pouvoirs et son respect des droits individuels : la Convention le révérera. Rousseau le progressiste, Rousseau le révolutionnaire, Rousseau l'utopiste, le premier à vouloir confier le pouvoir au peuple, à prétendre inventer une nouvelle société, rêvant d'égalité, inspirant le romantisme à venir : la Constituante le célébrera. Après eux, bien sûr, les Encyclopédistes, les Condorcet, d'Alembert, Diderot qui préfigurent la Révolution et y préparent les esprits. Tocqueville, évidemment plus réaliste, beaucoup mieux informé, d'une clairvoyance incomparable, s'emportera contre l'influence « extraordinaire et terrible » exercée par les hommes de lettres au XVIIIe siècle. S'il fallait citer un seul exemple d'empreinte décisive des intellectuels sur la société, les Lumières s'imposeraient néanmoins. Elles ont annoncé, façonné et créé le désir de la société moderne.

En revanche, s'il fallait donner le nom du premier intellectuel engagé, au sens symbolique du terme, Voltaire surgirait obligatoirement. Il a mis en effet son prestige immense, inégalé à son époque dans toute l'Europe, au service de causes qu'il a ardemment et courageusement défendues lui-même, dans un siècle ou nul ne l'osait. Scintillant et même resplendissant dans toutes les formes de la littérature (théâtre, poésie, histoire, roman, philosophie, chroniques, correspondances), il est passé de la théorie à la pratique. Lors de l'affaire Calas (un négociant calviniste injustement accusé d'avoir assassiné son fils pour l'empêcher de se convertir au catholicisme, puis condamné et cruellement roué sur l'ordre du parlement de Toulouse), il examine longuement le cas, mène l'enquête, établit l'erreur judiciaire, déclenche une campagne fracassante pour imposer la vérité, fait casser le jugement et arrache la réhabilitation. Il récidive avec l'affaire du chevalier de la Barre (exécuté pour avoir omis de s'agenouiller devant une procession). Voltaire avait tous les défauts de la terre et bien des illusions (notamment sur les souverains qui le consultaient), mais il incarne le courage, l'opiniâtreté, l'efficacité, le rayonnement d'un grand écrivain mettant en jeu son crédit et même sa liberté pour rétablir la vérité.

En ce qui concerne le rôle des intellectuels en politique, le XIXe siècle est sans doute le siècle le plus original de tous. Il commence avec l'opposition précautionneuse et talentueuse de Benjamin Constant et Germaine de Staël à Napoléon, il se termine par l'affaire Dreyfus, événement fondateur du « parti des intellectuels » et référence majeure de l'histoire politique française contemporaine. Entre-temps, on verra de grands écrivains entrer au gouvernement pour y briller fort peu, les historiens tenir un rôle unique dans le débat politique et l'un d'entre eux, Guizot, représenter le seul exemple d'un très grand intellectuel exerçant dix années le pouvoir et y réussissant honorablement.

Chateaubriand, Tocqueville, Lamartine : trois aristocrates, trois grands écrivains, trois passionnés de politique, trois ministres éphémères. Le premier est légitimiste et libéral, c'est rare ; le deuxième est libéral et orléaniste, c'est logique ; le troisième est libéral et républicain, c'est nouveau. Chateaubriand est célèbre, difficile, génial, ambitieux, insatisfait. Il a le plus beau style du monde, veut un grand rôle diplomatique, sera ambassadeur à

Berlin, Londres et Rome, parfois maladroit. Il est deux ans ministre des Affaires étrangères, sans briller. Tocqueville est célèbre lui aussi, sans doute l'analyste de la société le plus pénétrant de tous. Il est ministre des Affaires étrangères également mais quelques mois seulement (1849). S'il s'agit de comprendre, il est inégalable. Lorsqu'il faut agir, il est inadapté. Enfin Lamartine, poète immensément populaire, diplomate distrait, heureux auteur d'une *Histoire des Girondins* qui lui vaut une renommée inouïe : en 1848 il est l'homme politique le plus adulé. Quelques mois plus tard, le voilà violemment rejeté. Comme si décidément littérature et pouvoir politique étaient inconciliables.

Ce n'est pourtant pas le cas des historiens en politique. Leur rôle dans la vie publique durant l'essentiel du XIXe siècle est impressionnant, sans précédent et sans suite. Michelet, « l'historien national », Augustin Thierry, Edgar Quinet, Renan, un peu plus tard Aulard, Lavisse : leurs livres ont façonné l'esprit public, leurs prises de position, très vigoureuses, leur ont valu polémiques, sanctions et poursuites mais ont marqué profondément, dans un sens généralement progressiste. Même les « maîtres à penser » d'après la Libération (Camus, Sartre, Malraux, Mauriac, Aron) n'ont jamais atteint un poids comparable sur la vie politique.

Parmi eux, deux ont eu une carrière politique éclatante, durable et controversée : Thiers et Guizot, d'ailleurs rivaux et adversaires, le premier journaliste devenu historien puis homme politique, le second haut fonctionnaire puis illustrissime universitaire, tous deux auteurs comblés, tous deux ayant beaucoup gouverné sous Louis-Philippe et, pour Thiers, après la défaite de 1870. Guizot était un intellectuel libéral et un homme politique conservateur, Thiers un homme politique conservateur et un intellectuel qui avait été libéral. Autoritaires l'un comme l'autre, faisant mentir en tout cas la légende selon laquelle les grands intellectuels se perdent en politique. Ils y ont au contraire récolté succès, renommée et force controverses (Thiers en particulier). Deux contre-exemples typiques.

Pour clore le « siècle des historiens », il y a enfin l'affaire Dreyfus, le procès le plus retentissant, le plus indélébile de notre histoire politique. C'est à cette occasion qu'est apparu et que s'est imposé le mot même « d'intellectuel », c'est dans ces circonstances que la France s'est littéralement scindée en deux avec une violence, un courage, une indignation qui enflamment les deux camps. D'un côté l'armée, l'Église, la droite, les corps constitués, la presse populaire, tous animés par un nationalisme de revanche après la défaite de 1870, tous en deuil virulent de l'Alsace-Lorraine, tous mobilisés pour la défense du haut état-major, tous imprégnés de l'antisémitisme alors vindicatif, tous pénétrés de la raison d'État. Bonne conscience flamboyante, religion de l'armée « Arche sainte » du pays, certitude absolue d'être les seuls vrais patriotes. En face, peu à peu se dressent républicains, protestants, libres-penseurs, francs-maçons, journalistes de gauche, hommes politiques peu nombreux mais déterminés, républicains radicaux ou socialistes modérés.

Ce sont véritablement deux France qui s'affrontent, véhémentes, passionnées, intransigeantes, antagonistes, l'Ordre social contre les Droits de l'homme, l'Autorité contre la Justice. L'armée est alors l'institution la plus populaire mais l'engagement des écrivains pèse d'un poids considérable. Les obsèques de Victor Hugo en 1885 ont réuni la plus grande foule jamais rassemblée à Paris. Renan, mort en 1892, a subjugué l'opinion en prêchant la « réforme intellectuelle et morale de la France » afin qu'elle reconquière sa grandeur et sa gloire. Il impose une définition inoubliable de la nation fondée sur les valeurs et la culture, à l'opposé de celle de l'Allemagne d'alors, magnifiant le sang et la terre. Chez les hommes politiques, le vice-président du Sénat Scheurer-Kestner, Clemenceau puis Jaurès bataillent pour la révision. Mais c'est Zola avec son célèbre « J'accuse… ! » paru dans *L'Aurore* de Clemenceau qui impose le débat. Anatole France dira, lors des obsèques de l'auteur des *Rougon-Macquart* : « Zola a bien mérité de la patrie en ne désespérant pas de la justice de la France. » Toute l'Europe assiste alors à la naissance et à la victoire, avec la réhabilitation du capitaine Dreyfus, de ce que Barrès, leur ennemi juré, nomme « le parti des intellectuels ». En fait, la plupart des écrivains sont antidreyfusards, l'Académie française en tête. Les dreyfusards recrutent plutôt chez les universitaires. Le Collège de France, la rue d'Ulm, la Sorbonne (en partie) sont des bastions dreyfusards. En somme, dès que le mot « intellectuel » apparaît, les intéressés se scindent aussitôt et pour toujours entre intellectuels de gauche et intellectuels de droite. Le XXe siècle va le démontrer. Les intellectuels vont se combattre, polémiquer et s'entre-excommunier avec une passion affamée.

Pour l'entre-deux-guerres, c'est comme toujours Thibaudet qui le remarque : « L'affaire Dreyfus a préparé une démocratie de professeurs, de normaliens dont Herriot, Painlevé, Blum, Péguy, Alain, Thomas paraissent aujourd'hui des visages divers. » De fait, les normaliens envahissent alors la vie politique, souvent avec brio, parfois avec succès. Thibaudet aurait d'ailleurs dû ajouter à sa liste André Tardieu, reçu premier rue d'Ulm et qui sera un temps le plus brillant homme politique de droite et l'essayiste le plus neuf, et même Marcel Déat, à l'époque chef de file des néosocialistes et qui allait si mal finir. Sans doute lui semblaient-ils déparer un palmarès qu'il jugeait flatteur. Cette fois c'est en tout cas l'élite littéraire universitaire qui investit et imprègne l'espace politique et gouvernemental.

Quoi qu'il en soit, à partir de l'entre-deux-guerres, les intellectuels les plus marquants seront nombreux à s'inviter dans le débat, l'animeront et croiseront le fer avec une pugnacité au moins égale à celle des hommes politiques. Comme c'est leur vocation et en somme leur fonction principale, ils seront également les critiques les plus vifs et les plus intransigeants du système économique et social en place. Les bretteurs et les sabreurs de l'Action française, les écrivains les plus traditionalistes ou les plus ouvertement réactionnaires (Maurras, Bainville, Gaxotte, Daudet, Thierry Maulnier) s'en prennent avec violence au parlementarisme et à la démocratie.

Les surréalistes, les communistes (André Breton, Louis Aragon en sont incontestablement les figures de proue) vilipendent, accablent et ridiculisent la bourgeoisie. Le Front populaire provoque cependant déjà des reclassements chez les intellectuels, la guerre d'Espagne les précipite. Des écrivains catholiques classés à droite (Bernanos, Mauriac) dénoncent le franquisme. Malraux s'engage spectaculairement chez les républicains. L'intelligence française a brillé entre 1918 et 1939 (trois prix Nobel de littérature : Anatole France, Henri Bergson, Roger Martin du Gard), deux prix Nobel de physique (Jean Perrin, Louis de Broglie), un prix Nobel de chimie (Frédéric et Irène Joliot-Curie), un autre en médecine (Charles Nicolle). Le théâtre (Giraudoux, Jouvet), la musique, le roman sont à leur firmament.

C'est un dernier répit. La guerre, l'Occupation, la Libération vont introduire une césure dramatique. La littérature engagée prend cette fois tous ses risques. Elle devient tragique et le courage des intellectuels vaut alors bien celui des hommes politiques. Certains se tiennent certes en retrait (Gide, Sartre, Duhamel). D'autres se montrent maréchalistes (Paul Morand, Paul Claudel au départ, Montherlant). Quelques-uns versent carrément dans la collaboration (Drieu la Rochelle, Rebatet, Brasillach, Céline). Beaucoup entrent dans la Résistance (Aragon, Éluard, Char, Vercors, Mauriac, Paulhan, Ponge puis Malraux, etc.). À la fin de la guerre, ceux qui ont fauté paient lourdement. Les intellectuels, signe ironique de leur poids spécifique dans la société, sont d'ailleurs sanctionnés plus sévèrement que les responsables économiques, financiers ou administratifs. Entre eux, ils ne se font d'ailleurs pas de cadeaux. Le Parti communiste, en particulier, se montre implacable et exige une épuration radicale des intellectuels. Aragon fait alors figure de Savonarole.

Le PC tient à ce moment le haut du pavé chez les intellectuels. Prestige de la Résistance, romantisme révolutionnaire, opportunisme, intimidation, les ralliements s'accumulent et les compagnons de route se multiplient. Le marxisme devient soudain une idée neuve et une génération entière d'écrivains, d'artistes, d'historiens, de scientifiques adhère au parti. Hégémonie jusqu'au début de la guerre froide, puis encore position dominante dans le combat des idées jusqu'au milieu des années 50. Pas de monopole cependant, car les plus prestigieux s'opposent résolument au PC et ne craignent pas la confrontation. Albert Camus ne se laisse pas intimider. François Mauriac affronte Aragon. Malraux s'engage aux côtés du général de Gaulle dont il devient dès le lancement du RPF en 1947 le chantre officiel et le glorieux ami. La guerre froide, les procès, les soulèvements, les répressions puis la déstalinisation ouvrent d'ailleurs les yeux. Les compagnons de route s'éloignent et les intellectuels de renom s'esquivent. C'est le grand reflux. Raymond Aron, longtemps si seul à mener le combat conceptuel contre la contagion du marxisme, reçoit enfin des renforts.

Évidemment, il y a le cas Jean-Paul Sartre, celui que Pierre Nora nomme plaisamment « l'intellectuel-oracle ». Il n'a jamais appartenu au Parti communiste. Il l'a longuement défendu. Son influence a été considérable. Il y a eu littéralement un mythe Sartre, symbole du maître à penser, impressionnant toute une génération avec son existentialisme, puis une autre avec son œuvre littéraire, passant pour le plus grand écrivain français de son époque, intervenant sans cesse dans le débat idéologique, menant avec éclat le combat progressiste. En pointe pour la lutte en faveur de la décolonisation, contre la guerre d'Algérie, pour le tiers-monde, puis engageant son prestige aux côtés des étudiants et des ouvriers de Mai 68, parrainant enfin la naissance du *Libération* de Serge July. Prophète d'une utopie, théoricien d'une idéologie de l'irréalité avec un talent si éclatant qu'il séduit quand même. Ses formules n'étaient pas toujours heureuses : « Un anti-communiste est un chien », ou bien, à propos du général de Gaulle sur sa fin : « Je n'ai jamais eu d'estime pour lui. » Provocations estudiantines. Au total néanmoins, l'intellectuel engagé le plus révéré depuis la Libération et, sauf divine surprise à venir, dernier grand « maître penseur » dont les croisades pouvaient émouvoir.

Après lui, le rôle des intellectuels en politique a décliné. Il n'a pas disparu mais il s'est en quelque sorte démythifié, désacralisé, au rythme d'ailleurs où diminuait la considération et l'estime pour les hommes politiques. On écoute moins les intellectuels, on respecte beaucoup moins encore les dirigeants politiques. En créant la revue *Le Débat*, Pierre Nora avait publié un article retentissant, « Que peuvent les intellectuels ? », même si justement sa revue, tout comme *Commentaire* de Jean-Claude

Casanova, son homologue aronien, ou *Esprit*, gardien de l'héritage personnaliste, démontrent heureusement que le débat des idées se poursuit. Il se poursuit effectivement mais sur un mode plus mineur, moins emphatique, moins décisif. Il n'y a plus de mythologie de l'intellectuel engagé à la française.

Après Sartre, après la disparition des maîtres penseurs, c'est en effet le temps des « intellectuels spécifiques » et celui des « nouveaux philosophes ». Plus de monstre sacré, plus de grand intellectuel prescripteur en politique, plus même de courants idéologiques réellement dominants, encore moins hégémoniques, l'inverse en somme de la génération de la Libération. Il y a bien le structuralisme, avec celui qui, sans doute, surplombe alors, Claude Lévi-Strauss, mais il ne correspond en rien à l'archétype de l'intellectuel engagé et il influence plus universitaires et chercheurs que le grand public. Michel Foucault, lui, prend davantage position publiquement mais son œuvre, elle aussi, s'adresse plus aux intellectuels brevetés qu'aux lecteurs ordinaires. On peut en dire autant des Lacan, des Derrida, des Barthes, grands intellectuels spécifiques, impressionnant (et agaçant) leurs pairs mais qui ne marquent pas politiquement l'opinion.

Le cas de Pierre Bourdieu est différent, car lui tente bien d'influencer et s'engage résolument dans le camp progressiste postcommuniste. C'est un redoutable démythificateur, le désosseur des élites, à l'occasion un démagogue (parrainage de la « candidature » présidentielle de Coluche). Il lui arrive de cristalliser et de théoriser un mouvement de contestation comme lors des grandes grèves de 1995. Il a son public chez les étudiants, un réel prestige aux confins de l'extrême gauche. Il compte. Rien de comparable cependant avec l'ascendant d'un Sartre. Il est une exception dissonante, pas un point de ralliement.

Les « nouveaux philosophes », eux, sont le produit de l'effondrement du système soviétique, de la dévalorisation du marxisme, de la critique du capitalisme mondialisé, de l'idéologie des droits de l'homme. Ils sont beaucoup plus accessibles pour le grand public. Les Bruckner, les Glucksmann, les Bernard-Henri Lévy remplissent un espace vierge entre marxisme, socialisme et libéralisme. Ils obtiennent de grands succès de librairie et se font largement connaître par la télévision, contrairement à l'école structuraliste. Ils s'indignent avec talent, ils dénoncent avec sincérité, ils produisent parfois de très bons livres. Ils intéressent et ils alertent. Ils influencent fort peu en profondeur. Ce sont des intellectuels de transition.

Bernard-Henri Lévy mêle avec aisance une passion de l'engagement, un vrai courage physique, un sens de la mise en scène médiatique envahissant, et des prises de position carrées, hardies, intrusives et très contestées qui le distinguent des autres. Il a du style, beaucoup d'éloquence et d'aplomb. Il agace mais il compte. Il est devenu ainsi le symbole de l'intellectuel hyper-médiatique. Un Régis Debray, orgueilleusement solitaire, très grand styliste, critique acéré de la médiatisation des intellectuels et, au-delà, de la société, essayiste pourfendeur de l'enlisement de la gauche (dont il est issu), nostalgique de la grandeur gaullienne et des prestiges de la souveraineté, en constitue en quelque sorte le parfait contraire. Bernard-Henri Lévy tente de construire son mythe, Régis Debray est au contraire un superbe démystificateur. Pierre Rosanvallon, la Fondation Saint-Simon, quelques *think tanks* comme Terra Nova ou la Fondation Jean-Jaurès ne désespèrent pas de reconstruire, de réanimer et de réinventer une idéologie de gauche. Plutôt à la recherche du temps perdu qu'à la découverte du temps retrouvé. À l'autre aile, de jeunes essayistes libéraux commencent à théoriser le rapprochement du libéralisme économique, du libéralisme sociétal et culturel et du libéralisme économique. Ils en sont encore à faire leurs gammes.

De toute façon, alors que le rôle des intellectuels en politique bégaie et s'essouffle, ce qui triomphe dans le débat actuel des idées, c'est le grand air de la nostalgie, du déclin, de la mélancolie collective, de l'effacement national. Une tristesse rageuse, un emportement furieux, un pessimisme ravageur : la France n'est plus la France, la souveraineté se dissout, la société se disloque, l'islam menace, la crise martyrise et atrophie, les élites se déconsidèrent et se perdent. C'est l'assomption de ceux qui ont été surnommés les « néoréactionnaires ». Ils balancent en fait entre la mémoire blessée du passé, l'effroi indigné du présent, la terreur apocalyptique de l'avenir. Cela séduit énormément.

Dans les années 50, les néoréactionnaires, à l'époque, c'étaient les « hussards » (Roger Nimier, Jacques Laurent, Michel Déon, Antoine Blondin). Ils écrivaient merveilleusement et ils savaient mêler la nostalgie et la gaieté. La période n'était pourtant pas rose. Dans les années 2010, la nostalgie ne porte que le grand deuil et toutes les idées sont décidément noires. Il y a toujours du talent et de la sincérité. Alain Finkielkraut est un essayiste original et profond, sa langue l'une des plus belles aujourd'hui. Michel Houellebecq est un grand écrivain et un prophète de malheur, comme jadis Céline. Éric Zemmour fait preuve d'un talent croissant, d'un tempérament de bretteur provocant et d'une idéologie du désastre wagnérienne. Pour lui, écrire, c'est choquer, réveiller, terrifier et excommunier. Michel Onfray constitue un cas à part, l'équivalent moderne des non-conformistes des années 30, essayiste redoutable, très talentueux également, savant mais accessible aussi partisan qu'inclassable. Tous maltraitent les autres et se sentent maltraités. On n'entend qu'eux, on ne voit qu'eux, on n'écoute qu'eux mais ils se sentent néanmoins le plus sérieusement du monde persécutés, ostracisés. Ils portent une idéologie de la décomposition nationale. Ils sont le sel du souverainisme et le poivre du déclinisme. Ils sont surtout la marque du climat actuel : rejet des idéologies classiques, triomphe de la pensée décliniste sur l'idéalisme de gauche, désenchantement général, religion de la mélancolie, exécration des élites. Avec cette originalité : eux-mêmes sont à la fois des populistes crachant feu et flammes et les membres distingués d'une fraction particulièrement sélective des élites. Ce sont des mandarins populistes.

8

La discorde

C'est une spécialité nationale que le monde entier nous reconnaît mais que personne ne nous envie : les Français sont querelleurs, ils ont même dans leurs gènes la passion de la discorde, la maladie de la zizanie. Leur histoire n'a cessé d'être traversée par d'affreuses guerres civiles, par d'horribles massacres, par des conflits haineux, par des affrontements sans merci, par des oppositions inexpiables, par des disputes sans fin. On ironise souvent, à propos de la vie politique, sur les petits arrangements, sur les compromis ambigus, sur les alliances contre nature ou sur les consensus trop accommodants. On a bien tort. Ce qui manque à la France, cruellement, ce n'est pas la rigueur ou l'inflexibilité, c'est l'inverse, c'est l'ouverture, c'est le dialogue, c'est la capacité de négocier, de transiger, de passer des accords. C'est la souplesse et c'est le pragmatisme.

Dans l'Hexagone, on préfère au contraire s'affronter, s'insulter, exclure, bloquer, ostraciser. Ici, on aime l'invective et l'agression, on applaudit les chocs entre blocs cuirassés et barricadés. On entrechoque des certitudes incompatibles. La France est une incomparable fabrique de discordes, un flux sans fin de batailles et de crises. La guérilla franco-française ne s'arrête jamais. On jurerait une addiction. Ce pays possède le goût de l'affrontement, la religion de la fracture. Le général de Gaulle a dépeint le peuple français « par nature, et cela depuis les Gaulois, perpétuellement porté aux divisions et aux chimères », celles-ci entretenant naturellement celles-là. En fait, l'histoire de France est une bataille sans fin entre l'aspiration à l'unité nationale et la tentation de la discorde. Le plus souvent, la tentation de la discorde l'emporte. C'est l'un de nos paradoxes majeurs : le plus vieil État-nation d'Europe, le plus unitaire, le plus fermement centralisé se déchire sans cesse.

D'ailleurs, dès ses fameux *Commentaires sur la guerre des Gaules*, Jules César soulignait déjà la principale faiblesse des tribus gauloises : la discorde perpétuelle qui annihilait leurs exploits et leur vaillance. Les Français sont à eux-mêmes leurs pires ennemis, de tout temps et encore aujourd'hui, même si les formes, Dieu merci, se civilisent. Depuis Hugues Capet, le premier roi français, les tensions n'ont cependant pas cessé. Sous l'Ancien Régime, les monarques qui se succédaient tentaient d'établir, avec des talents et des résultats fort inégaux, un pouvoir unificateur et rassembleur. Guerres, conflits, soulèvements et violences n'en ont pas moins prospéré.

Guerres contre l'étranger, bien sûr, façonnant peu à peu le sentiment national, élargissant le territoire mais tournant parfois à de sanglantes guerres civiles, comme celle qui, pendant l'effroyable guerre de Cent Ans, sans doute la pire épreuve qu'ait connue la France, la plus désastreuse pour la population, se compliqua encore par l'affrontement sauvage, franco-français, entre Armagnacs et Bourguignons. Guerres religieuses frappées de fanatisme et de sauvagerie : massacre des Cathares, guerres féroces durant trente-six ans avant l'Édit de Nantes entre catholiques et protestants ; guerre des Camisards et dragonnades après la révocation de l'Édit de Nantes, terrible guerre de Vendée sous la Révolution, restée célèbre par ses cruautés, ou encore Terreur blanche en 1815.

Mais aussi soulèvements populaires face aux famines, aux dévastations, aux violences : jacqueries, bazochiens, maillotins, cabochiens, croquants, nu-pieds, déguenillés. Tantôt elles partent des communes, tantôt elles viennent de la campagne. Elles associent parfois notables et miséreux ou bien elles les mettent aux prises. Émeutes de désespoir, d'accablement, de dénuement. La construction de la France n'a jamais été un long fleuve tranquille. Elle s'est bâtie malgré les discordes, à travers les querelles.

D'autant plus qu'aux guerres étrangères ou civiles, aux soulèvements ou aux affrontements religieux se mêlent les ambitions des parlements et les appétits des Grands. La Ligue, la Ligue catholique, la Sainte Ligue rassemble les plus engagés défenseurs de la foi romaine mais porte aussi les espérances des Guises qui lorgnent le trône de France et s'appuient sur le fanatisme du peuple de Paris, échauffé jusqu'à l'incandescence par des curés prêcheurs qui appellent au meurtre. Ce sera la Saint-Barthélemy, de funeste mémoire, et bien d'autres exactions.

La Fronde, sous la régence d'Anne d'Autriche et la minorité de Louis XIV, additionne révoltes des citadins contre des impôts écrasants, insolence du Parlement de Paris contestant le pouvoir royal et surtout Grands du royaume défiant Mazarin, entrant en guerre ouverte contre le trône afin d'arracher privilèges, prébendes et pensions. Le très caustique cardinal de Retz, la téméraire duchesse de Montpensier (la Grande Mademoiselle), les illustres Condé, Conti, Turenne, l'aigre et intrépide La Rochefoucauld, les ravissantes et féroces duchesses de Longueville et de Chevreuse, la Fronde des Princes rejoint ici la Fronde des Parlementaires pour satisfaire sa fringale d'honneurs et de subsides. À côté de l'histoire officielle de l'unité française, on pourrait écrire une histoire des déchirements français. Toujours sans illusions sur ses compatriotes, le général de Gaulle a confié à Alain Peyrefitte : « Pensez à la situation de la France sous Louis XIII et Richelieu. Si on avait voté alors, les Français auraient voté contre Richelieu. »

Violences et conflits n'ont pas cessé après la Révolution et l'Empire, tant s'en faut. Émeutes, complots, assassinats persistent sous la Restauration, Louis-Philippe et Napoléon III. Dès le début du règne du roi des Français, on voit surgir ce que l'on appellera la « question sociale », qui dure toujours... Les clivages politiques sont profonds puisqu'ils opposent les partisans de trois régimes : légitimistes, bonapartistes et orléanistes. Ils subsistent jusqu'à l'enracinement de la IIIe République.

Si, de 1815 à 1875, le débat intellectuel est brillant, si les joutes oratoires atteignent leur apogée, on tire aussi sur des foules, on charge les émeutiers, on emprisonne, on envoie au bagne, on exile les opposants. L'histoire de France de la discorde continue. Sous Charles IX, on criait aux huguenots « la messe ou la mort ». En 1791, sous la Constituante, le pauvre Louis XVI espérait encore « que la Nation reprenne son heureux caractère ». Plus réaliste, l'historien Pierre Chaunu définissait en 1982 l'exception française par une « aptitude à la déchirure et à la déchirure idéologique » pour conclure : « La France est terre de fractures. »

C'est bien ce qu'elle a démontré depuis qu'elle est en république, tout comme elle l'avait prouvé sous la monarchie. Certes, à partir de 1877, après l'épreuve de force perdue par le maréchal-président Mac-Mahon, le principe républicain ne sera plus remis en cause, sauf durant la noire parenthèse du régime de Vichy. Mais que de discordes, que de querelles, que de divisions !

La politique ? Elle a opposé bleus et blancs, puis partisans des Bourbons contre partisans de Napoléon, puis légitimistes et orléanistes, puis bonapartistes, républicains et monarchistes puis, la République une fois bien installée, opportunistes et radicaux, boulangistes et antiboulangistes, dreyfusards et anti-dreyfusards, socialistes contre modérés, communistes contre socialistes et contre la droite.

Durant l'Occupation, les clivages tournent au drame entre collaborationnistes, maréchalistes, gaullistes, giraudistes (peu de temps), communistes : Vichy contre Londres, Alger et la Résistance. Une brève période d'union nationale à la Libération et très vite les fossés se creusent derechef entre communistes, gaullistes et troisième force.

Retour en force du Général en 1958 malgré un PC impuissant, puis progressivement une gauche qui s'unit face au gaullisme qui domine. Giscardisme contre chiraquisme, gauche contre droite, mitterrandisme contre chiraquisme et balladurisme, sarkozysme, socialisme hollandais : une histoire de fractures, de scissions, de rivalités, d'oppositions entre gauche et droite, entre socialisme et communisme, entre gaullisme et modérés. Rien à ce stade qui creuse plus de clivages politiques en France que chez ses voisins ? Si, bien sûr, car Vichy constitue une béance, le communisme de la guerre froide représente un défi spécial, le gaullisme du RPF incarne un révisionnisme constitutionnel qui réussira d'ailleurs en 1958 : au-delà de la lutte politique classique, de nouveau une bataille virtuelle de régimes, pas seulement gauche contre droite mais une France contre une autre France. Spécifique.

Et puis, au-delà de la politique, que de déchirements profonds, de querelles essentielles, de guerres idéologiques, d'affrontements culturels. La France ne cesse jamais d'être soumise à des secousses telluriques, bien plus redoutables que de simples clivages partisans. Il y a la question religieuse, non plus catholiques contre protestants (ces derniers se sont pleinement intégrés dans la République) mais catholiques contre laïcs. C'est un conflit douloureux et persistant. L'Église catholique a combattu férocement la République et la République a combattu implacablement l'Église catholique. À la fin du XIXe siècle, expulsions de congrégations, fermetures d'écoles, contraintes administratives, c'est au tour de l'Église de Rome d'être persécutée. L'affaire Dreyfus envenime l'affrontement, l'Église catholique, dans sa grande majorité, prenant parti contre le malheureux capitaine. Puis est venue la loi de 1905 séparant les Églises et l'État. Une rupture douloureuse, vindicative des deux côtés, brutale, une césure avec une tradition de dix siècles. L'application de la loi, maintes fois modifiée par la suite, sera heureusement plus souple, mais la blessure se rouvrira dès le Cartel des gauches en 1924 quand la tentation de durcir les conditions de la laïcité n'est abandonnée que sous la pression populaire.

Durant Vichy, l'État français privilégie l'Église dont seule une intrépide minorité conteste le régime. On aurait pu croire à partir de la Ve République les plaies cicatrisées : erreur, comme le prouvent l'immense mobilisation en faveur de l'école privée sous François Mitterrand, ou La Manif pour tous contre le mariage des homosexuels qui rassemble également des foules. La question religieuse n'a en réalité cessé de se poser depuis la fin de la monarchie. Elle reste une fracture française. Elle complique les clivages politiques. Elle s'entrechoque, on y reviendra, avec la question musulmane.

La question coloniale, elle aussi, a toujours constitué un sujet de conflits, souvent très violents. Sous

Louis-Philippe et Napoléon III, l'expansion de l'Empire était un thème de fierté et un titre de gloire, selon les canons de l'époque. Dès les débuts de la IIIe République, la question a, en revanche, mis violemment aux prises Jules Ferry, « le tonkinois », et Clemenceau, anticolonialiste virulent. Les socialistes, s'installant dans le paysage politique, ont très vite adopté une posture anticolonialiste, même si Jaurès le fit avec une certaine modération. Il n'empêche : une large fraction de la gauche, renforcée ensuite par l'apparition du Parti communiste, n'a cessé de mener la bataille anti-colonialiste. Virulente mais minoritaire à la fin de la IIIe République, elle a pris en revanche plus d'ampleur après la Libération, avec les guerres d'indépendance. L'Afrique du Nord, Madagascar, l'Indochine puis derechef le Maghreb dont surtout l'Algérie comptent parmi les grandes discordes françaises, parmi les plus violentes et, pour les Français d'Afrique du Nord, parmi les plus déchirantes.

La guerre d'Indochine a été vécue, à l'époque elle aussi, par une majorité de Français comme une profonde blessure, notamment au moment de la chute de Diên Biên Phu. En revanche, le Parti communiste et ses compagnons de route progressistes exultaient plus au moins discrètement. L'indépendance du Maroc et de la Tunisie, mal négociée au départ, a cependant moins marqué, puisqu'elle s'est produite sans défaite militaire de la France.

La guerre d'Algérie, en revanche, a suscité d'intenses passions. Elle a été cruelle et sanglante, des deux côtés. Elle fut une déchirure pour les pieds-noirs, contraints de quitter ce qu'ils considéraient comme leur pays, elle a été un épisode horrible pour les harkis abandonnés, une énorme frustration pour l'armée, une tragédie sanglante pour les populations musulmanes très malmenées. Ce fut également une quasi-guerre civile, menaçant le régime de la Ve République, avec rébellion d'une fraction de l'armée, putsch de généraux de premier plan, menaces de parachutistes sur l'Île-de-France, terrorisme de l'OAS à grande échelle en Algérie, de façon désespérée en métropole, avec tentative d'assassinat du général de Gaulle. On est bien loin ici des luttes politiques conventionnelles. Le Général, impérieux et inflexible, est parvenu à imposer, à force de ruse et d'autorité, une solution qui le meurtrissait intimement. De même a-t-il dû procéder à la liquidation de l'Empire en Afrique subsaharienne.

La décolonisation était évidemment inévitable. En Afrique-Occidentale et Équatoriale, elle s'est passée honorablement. Le mythe d'une vaste Communauté française s'est cependant effondré rapidement. La France s'est montrée moins habile pour sauver les apparences que le Royaume-Uni avec son Commonwealth. La perte de l'Empire a laissé amertume et regrets. Elle aurait pu être négociée plus tôt, plus hardiment, plus pacifiquement. Les gouvernements de la IVe République ont manqué de clairvoyance, de réalisme et de courage. Le général de Gaulle retrouvant le pouvoir n'a pu que liquider un patrimoine historique auquel il tenait plus que quiconque. Sans grandeur ni alternative réelle : trop tard, trop vite, trop cruellement. Cette fois-là, l'Histoire n'était pas de son côté.

Pour beaucoup de Français, l'Histoire, justement, nous abandonnait. Les anticolonialistes se félicitaient plus ou moins subtilement, selon leur sensibilité. Chez la plupart des citoyens, les sentiments étaient mélangés : tristesse, résignation, réalisme, fatalisme, soulagement (notamment chez les familles des appelés du contingent), perception de l'apparition d'un nouveau monde, où le rôle de la France serait par la force des choses amoindri. Entre la minorité anticolonialiste militante, la majorité attentiste et la fraction nostalgique de l'Empire, les clivages là encore surpassaient les oppositions politiques rituelles. Il s'agissait d'histoire et non de politique, d'une page française plus que centenaire qui se tournait : en somme, quelle que soit l'opinion des uns et des autres, d'un déclassement national, assurément inévitable, incontestablement mal conduit. Il aurait fallu écouter plus le maréchal Leclerc que le maréchal Juin, Pierre Mendès France que Georges Bidault, le général de Gaulle du début des années 60 plutôt que celui de la IVe République. La France s'est déchirée ici à force de myopie. Au-delà des clivages partisans : discordes historiques.

La logique aurait voulu qu'au moment où l'Empire sombrait, la naissance de l'Europe offre une alternative. Après tout, les pères fondateurs de l'Europe étaient français. Jean Monnet et Robert Schuman avaient, avec l'appui actif du chancelier Adenauer, porté la future Union sur les fonts baptismaux. La chronologie coïncidait, puisque le Marché commun se mettait en place à l'époque où le général de Gaulle manœuvrait pour mettre fin à la guerre d'Algérie et négociait l'indépendance de l'Afrique française. Malheureusement, l'Europe n'a jamais été un sujet de consensus dans l'Hexagone. C'est l'Assemblée nationale française qui avait torpillé en 1954 la CED (Communauté européenne de défense), empêchant ainsi la formation d'une armée européenne qui manque tant aujourd'hui. Communistes et gaullistes avaient par ailleurs, tout au long de la IVe République, bataillé férocement contre chaque initiative européenne. Ils avaient trouvé des alliés chez certains socialistes et radicaux. L'Europe voulait rapprocher des nations antagonistes depuis des siècles, mais en France une forte minorité, hétéroclite mais toujours aux aguets et prompte à se mobiliser freinait des quatre fers. L'Europe a toujours été en France un grand sujet de division. À Paris, on n'a pas manqué d'Européens marquants (Monnet, Schuman, le Général à sa manière, Jean Lecanuet, Valéry Giscard d'Estaing, Simone Veil, François Mitterrand, Jacques Delors), mais il n'y a jamais eu une ferme majorité européenne. La zizanie s'est même maintes fois déclenchée à propos d'un projet qui se voulait fédérateur et fraternel. Les fractures françaises, les affrontements français se sont donc déployés sur ce terrain-là aussi.

D'ailleurs, le thème et parfois le mythe de la trahison de la souveraineté française, obsessionnel chez les adversaires de l'Europe, correspond en réalité à une tradition multiséculaire. Une partie des Français a toujours suspecté et même accusé une autre partie des Français de trahison au bénéfice d'une puissance étrangère. C'est peut-être la pire manifestation de la discorde nationale, la plus grave de toutes car, fondée ou non, calomnieuse ou pas, elle révèle une forme de détestation entre Français. Pendant longtemps, l'Angleterre a été accusée, non sans raison, d'entretenir en France des espions, des complices, des amitiés intéressées et même un véritable parti. Il est vrai qu'elle a eu des prétentions bien réelles sur la couronne de France (d'où la guerre de Cent Ans), puis que pendant les guerres de Religion elle appuyait ouvertement le parti protestant et qu'elle a par la suite financé, comme on sait, les guerres de coalitions européennes contre Napoléon. Les rivalités impériales entre Paris et Londres ont entretenu également de forts soupçons d'ingérence. Clemenceau lui-même fut un temps accusé publiquement d'être un agent anglais. De Jeanne d'Arc au Tigre, les épisodes tragiques, les accusations polémiques, voire les conjurations imaginaires n'ont pas non plus manqué. Le parti anglais était toujours à l'œuvre, suspecté, combattu, parfois inventé.

Durant plusieurs siècles, face au parti anglais, il y eut aussi le parti espagnol, très actif et fort riche, intervenant sans cesse dans les affaires françaises, notamment du XVIe au XVIIIe siècle pour soutenir le parti catholique ou bien ses propres ambitions dynastiques. Il y a eu aussi, plus près de nous, et avec quelle véhémence, l'accusation d'appartenir au parti de Moscou (les communistes), au parti de Washington (les atlantistes), ou au parti allemand (les pacifistes, puis sous Vichy les collaborateurs). Déloyautés, trahisons, félonies, ce sont des injures, des dénonciations, des combats, des fractures qui n'ont cessé de traverser notre histoire depuis les Romains et qui durent toujours. On n'a pas oublié le célèbre passage de l'appel de Cochin dans lequel Jacques Chirac dénonçait « le parti de l'étranger ». Aujourd'hui, Bruxelles, Berlin, Moscou, Washington, New York (repaire satanique de la mondialisation) reviennent sans cesse dans le débat. Les capitales du Proche et du Moyen-Orient apparaissent elles aussi de plus en plus dans les polémiques inspirées par les communautarismes ou provoquées par les attentats. L'Arabie Saoudite, la Syrie, le Koweït ou Israël sont mis en cause. Les querelles françaises intègrent sans cesse des procès en patriotisme et des accusations d'intelligence avec des puissances étrangères. Ces divisions-là sont peut-être les plus violentes et les plus redoutables. Elles fragilisent en tout cas la nation.

D'où, de tout temps, la bataille des rassembleurs contre les diviseurs. À côté ou plutôt en face des symboles faustiens de la discorde surgissent régulièrement les sauveurs. Du côté des diviseurs Bourguignons, Ligueurs, Frondeurs, émigrés, ultramontains, komminterniens, les uns préférant le Saint-Siège à la République, les autres la 3e Internationale à l'État bourgeois, « collabos », OAS, Action directe, djihadistes aujourd'hui. En face donc, les rassembleurs emblématiques : Philippe Auguste qui a littéralement fait la France ; Jeanne d'Arc, à qui l'on prête ce cri : « Français divisés, pardonnez-vous de tout votre cœur » (si cela est vrai, sa déception a dû être à la hauteur de son courage), Henri IV qui a tenté de pacifier la France par la tolérance et qui en est mort, Richelieu qui a enraciné l'autorité royale par la force, par le fer et par la foi, Napoléon qui a voulu rassembler jacobins repentis, aristocrates revenus de l'émigration, paysans enrichis par les biens nationaux, protestants et juifs enfin intégrés par ses soins, scientifiques et religieux se réunissant dans son sillage ; ou encore Louis-Philippe le libéral, Jules Ferry l'instituteur de la République, Waldeck-Rousseau l'oublié qui réussit un moment d'unité au tournant du siècle, Clemenceau bien sûr, grand diviseur dans sa jeunesse, grand rassembleur dans sa vieillesse, de Gaulle à plusieurs reprises avec éclat et fermeté, ce sont les statues historiques du rassemblement et de l'unité.

Tous ont voulu par la force, par la ruse, parfois par la violence, souvent par l'habileté, établir, rétablir, enraciner l'unité de la France et le rassemblement des Français. Pour cela, un moyen, l'État fort ; une méthode, la primauté de l'Exécutif ; une recette, l'autorité et le charisme. Cela n'interdit pas, heureusement, le recours au dialogue ou l'instauration de la tolérance, mais chacun de ces grands rassembleurs, si divers par ailleurs, monarques, ministres, héros, empereur, chefs du gouvernement ou présidents de la République, chacun donne la priorité à la construction d'un État puissant, dominé par l'Exécutif et démontrant son autorité.

Monarchie absolue, jacobinisme, institutions impériales ou républicaines, l'État français sous toutes ses formes est le plus centralisé d'Europe. Son administration est plus impérieuse qu'ailleurs (ce qui ne va pas sans inconvénients, à commencer par une bureaucratie endémique et par une multiplication des règlements et des normes), son autorité s'avère plus ferme et plus pesante, de régime en régime, d'un grand rassembleur à l'autre. Chacun d'entre eux impose la loi de l'Exécutif : si l'Angleterre est la mère incontestable du Parlement, la France est la patrie incomparable de l'Exécutif. Les rassembleurs apparaissent donc comme les architectes de l'État et les ingénieurs de l'Exécutif. Cela vaut pour Philippe Auguste comme pour Richelieu, pour Napoléon comme pour le général de Gaulle.

La Ve République en constitue d'ailleurs l'aboutissement délibéré. La présidentialisation de la République, la primauté institutionnelle de l'Exécutif ont été conçues et assumées comme une thérapeutique contre la discorde et la division. Restaurer, enraciner l'autorité de l'État et la prééminence du président de la République, c'était l'ambition explicite du général de Gaulle. Il confiait d'ailleurs à Alain Peyrefitte : « En face de la grandeur de la France, je rencontre souvent la petitesse des Français. Ils mijotent dans leurs petites querelles et font cuire leur petite soupe. » Pour conclure : « L'État doit échapper aux partis, y compris au parti gaulliste. » Difficile d'être plus explicite, impossible d'être plus monarchique. Pour contraindre les Français à la grandeur et à l'unité, il faut, pense-t-il, un État fort et un Exécutif puissant. Ce pourrait être, avec les mots d'autres époques, de Louis XIV et de Bonaparte. L'histoire de France est l'éternel combat de l'État contre les divisions et de l'Exécutif contre la discorde. Le paradoxe français reste que l'État s'y montre plus autoritaire et plus interventionniste que dans les autres démocraties mais que, malgré cette pression multiséculaire, les querelles et les affrontements y demeurent plus vivaces et plus constants que chez nos voisins. L'unité est ici comme l'horizon lointain qui s'éloigne quand on avance. L'État trace la route de l'union, l'Exécutif pilote la nation mais l'unité reste le pays où l'on n'arrive jamais.

On ne manquera pas de rétorquer que dans les grandes circonstances, la France peut parvenir comme les autres pays à l'union nationale et que la maladie de la discorde n'empêche pas l'aspiration au rassemblement ou les tentatives d'ouverture. À regarder les choses de près, on constate cependant que l'union nationale n'existe chez nous qu'en période de guerre – et encore – et que rassemblements et ouvertures sont ici régulièrement voués à l'échec. Non pas que les Français soient moins patriotes que les autres : bien au contraire, le sentiment national ne cesse d'être au moins aussi vif qu'ailleurs. Il vient de loin, de plus loin que chez nos voisins puisque l'État-nation français est plus ancien et il a pris, notamment avec la Révolution, une dimension spectaculaire et intense qui l'a définitivement enraciné et que le Premier Empire a de surcroît coloré de gloire militaire et d'épopée nationale. Il est d'ailleurs assez vivace pour tomber trop souvent dans le nationalisme hier (Boulanger, Dreyfus, les Ligues) comme aujourd'hui (le Front national et toute une fraction de la droite extrémisée).

Le détail s'avère cependant nettement moins resplendissant que la façade. L'union nationale ? Lorsque la France est militairement attaquée, sans doute. Mais pas toujours : ce fut vrai en 1914, lorsque la déclaration de guerre du Kaiser réunit souvent au sein du gouvernement Viviani conservateurs (Ribot), radicaux (Doumergue) et socialistes révolutionnaires (Jules Guesde et Marcel Sembat). Delcassé y siège aux côtés de son adversaire Briand et de son rival Millerand. L'immédiat avant-guerre avait été houleux et vindicatif. La France se déchirait mais là elle se retrouve, unie comme jamais, de l'Action française à la CGT. Raymond Poincaré peut écrire dans ses Mémoires : « L'union sacrée s'est réalisée dans tout le pays comme par enchantement », et c'est vrai. Cela dure même, jusqu'au bout grâce à Clemenceau, malgré la terrible saignée et les souffrances inhumaines des tranchées et des gaz. C'est une prouesse, c'est aussi une exception.

En 1870-1871, l'union initiale s'est au contraire désintégrée après les revers militaires. En 1938, les tentatives d'union nationale (Léon Blum, Paul Reynaud) ont échoué et en 1940, à quelques semaines de l'effondrement, le président du Conseil Paul Reynaud ne dispose que d'une étroite majorité parlementaire. L'esprit patriotique n'a pas suffi pour purger les clivages partisans, malgré l'exceptionnelle gravité de la situation. Sous Vichy, c'est bien pire. La France du Général méprise et combat la France du Maréchal. Londres puis Alger sont en guerre contre Vichy et Paris. À la Libération, le gouvernement d'union nationale ne dure même pas un an et demi avant que Charles de Gaulle, scandalisé par l'éternel retour de l'esprit de parti, ne claque la porte avec fracas, à la stupeur des Lilliputiens, trop occupés à se combattre et à se piéger pour accorder la priorité au relèvement de la France. Même les guerres, même les drames ne suffisent donc pas pour ressusciter une éphémère union nationale. Le sentiment national ne parvient pas à ressouder les fractures françaises.

La suite – les guerres coloniales, l'Europe, la Ve République, Mai 68, les attentats de 2015 – le prouve trop. Le premier mouvement des Français est bien patriotique, mais il dure rarement. Querelles et discordes reprennent sans cesse le dessus. Quels que soient les problèmes, on voit toujours au moins deux France, et souvent plus, qui s'affrontent. Cela vaut pour 1958 et l'établissement de la Ve République. Cela se poursuit avec la fin de la guerre d'Algérie. Cela éclate au grand jour, caricaturalement, en Mai 68. Cela se retrouve symboliquement en 1981, lors de la première grande alternance : France de gauche contre France de droite, France sociale contre France économique. Cela vaut encore en 1995 quand s'opposent brutalement ceux qui, devant la crise, veulent réformer le modèle social de la Libération et ceux qui s'y refusent. De même encore en 2005, lors du référendum constitutionnel européen : partisans et adversaires de l'intégration européenne coupent littéralement la France en deux. Même les attentats sanglants de 2015 dessinent encore deux camps adversaires en pleine tragédie. Un instant de communion patriotique lorsque éclatent les bombes et, dès la semaine suivante, des polémiques incessantes, des accusations croisées, une incompréhension générale. La France n'a pas sa pareille pour se déchirer au milieu des balles.

Chaque président de la République, par vocation comme par intérêt, cherche bien à incarner l'unité nationale et à opérer un rassemblement. Le général de Gaulle associe ainsi les partis de gouvernement à l'élaboration de la Constitution en 1958. Il tente d'instaurer un ministère de coalition, sous sa ferme direction, cela va de soi, mais avec une large assise. Très vite, l'illusion se dissipe. Institutions et modes de scrutin se coalisent même pour rebâtir une France bipolaire comme lors des élections législatives de l'entre-deux-guerres. La gauche n'est pas unie, la droite n'est pas unie mais elles sont bien d'accord pour se confronter.

Georges Pompidou parvient à séduire des centristes qu'avait effarouchés le Général mais en face le bloc des gauches se ressoude tumultueusement. Valéry Giscard d'Estaing tente à son tour l'ouverture, séduit plusieurs personnalités symboliques (Simone Veil, Jean-Jacques

Servan-Schreiber, Françoise Giroud, Jean Lecanuet) mais au grand dam des gaullistes et sans pouvoir enjamber pour autant la frontière qui sépare les gauches des droites.

François Mitterrand n'est évidemment pas en reste. Il convainc durant trois années les communistes de participer à son gouvernement puis, après la rupture, collectionne quelques centristes et radicaux ainsi que, c'est la nouvelle mode, des personnalités de la société civile, de l'intrépide Bernard Kouchner au populaire Alain Decaux en passant par, durant une semaine, l'éminent cancérologue Léon Schwarzenberg. Il n'en ressoude pas moins la droite contre lui tout en lui jetant l'extrême droite dans les jambes. Jacques Chirac, lui, ne croit guère aux vertus de l'ouverture. Lionel Jospin parvient à force d'autorité à rassembler dans son gouvernement toutes les branches, les rameaux et les diverticules de la gauche plurielle. Encore l'unité se défait-elle inexorablement à l'approche de l'élection présidentielle. Nicolas Sarkozy en revient à la pratique de l'ouverture, cette fois-ci ciblée sur les personnalités de la « diversité » (Rachida Dati, Rama Yade, Fadela Amara). François Hollande, lui, met l'accent sur la parité gouvernementale entre hommes et femmes. Chaque président ou presque pratique donc l'ouverture, tout président appelle au rassemblement. La société française n'en demeure pas moins, décennie après décennie, siècle après siècle, profondément divisée, fissurée, déchirée.

D'ailleurs, l'histoire se termine mal en règle générale pour les grands rassembleurs : Jeanne d'Arc est brûlée vive, Henri IV est assassiné, Richelieu est la cible permanente de complots et de conjurations, l'épopée napoléonienne finit par se fracasser contre la coalition de toute l'Europe mais aussi contre des haines françaises persistantes. Clemenceau est battu par Deschanel – revanche de la légèreté sur l'Histoire –, le général de Gaulle est rejeté en 1969 pour excès de grandeur et abus d'altitude. En France, la division est la norme, l'union constitue une prouesse éphémère et bientôt sanctionnée.

Là encore, on rétorquera qu'il n'y a pas de démocratie ou de liberté politique sans querelles et qu'au-delà des fractures existent également des solidarités et même des homogénéités. Il est vrai que la démocratie est effectivement par nature querelleuse mais alors, à ne l'envisager que sous ce seul critère, la France est sûrement le pays le plus démocratique du monde ! Quant à l'homogénéité, elle n'a rien d'une invention. La France est aujourd'hui une nation de citadins, de salariés, de bénéficiaires de la Sécurité sociale, de téléspectateurs, d'internautes, et de plus en plus de diplômés ou de membres des classes moyennes. C'est ce qui soude la société et lui permet de résister à près d'un demi-siècle de crises économiques, sociales et politiques, et à d'intenses métamorphoses. La France ne manque pas de ciment social et de consensus démocratique. Elle bénéficie de surcroît d'institutions robustes, capables de traverser alternances, cohabitations, confrontations et contestations. La société civile est sans doute plus solide que la société politique et le système social peut s'appuyer sur une Constitution qui ressemble aux gratte-ciel japonais : une construction essentiellement antitellurique.

Mais en revanche, le paysage actuel de la France apparaît raviné, fissuré, fracturé comme jamais. C'est miracle de le voir encore vaillant et parfois avenant malgré les zizanies qui le traversent en permanence et les conflits qui le menacent sans cesse. Parmi les pathologies politiques françaises, la maladie de la division est sans doute la plus ancienne, avec l'inconstance qui est en quelque sorte sa sœur jumelle. Elle s'affiche, elle s'étale avec l'esprit de parti qui a traversé l'Ancien Régime mais s'est épanoui sous la République, comme si la suppression des ordres (clergé, noblesse, tiers état) et des corporations s'était aussitôt transposée et implantée dans le champ politique. La France a en tout cas été, depuis qu'elle connaît la démocratie, la terre promise des factions politiques. On a vu ce qu'il en était avec les extrémismes (voir chapitre 6), mais cela vaut pour toutes les formations politiques.

Sous la IIIe République, ce fut d'abord le fait des groupes parlementaires qui pullulèrent bientôt et furent comme frappés de scissiparité. Ils furent à l'origine de l'instabilité parlementaire et bientôt du discrédit de l'institution elle-même. Ils faisaient et défaisaient les gouvernements avec une ardeur inlassable et une perversité irrésistible. Pendant l'entre-deux-guerres, les gouvernements tombaient comme des feuilles mortes. Tout était bon pour se quereller : la défense nationale, la politique coloniale, la monnaie, la laïcité toujours, la question sociale plus que jamais et bientôt la crise des années 30 dans toutes ses dimensions. Robert de Jouvenel avait alors publié un petit livre brillant sur « la république des camarades ». Il a manqué un autre tome sur « la république des querelleurs ».

Sous la IVe République, ce sont les partis qui gouvernent à leur tour, font et défont les ministères, assurent l'instabilité, organisent l'impuissance et entretiennent les clivages. Leur esprit d'irresponsabilité est éclatant. Sur une aile, le Parti communiste fait obstruction permanente, sur l'autre aile les gaullistes appellent au changement de régime. Entre les deux la « troisième force » est au pouvoir mais ne cesse d'osciller, de trembler et de chuter, écartelée entre ses composantes, bousculée par les tiraillements incessants au sein des partis qui la composent. Socialistes, radicaux, démocrates-chrétiens, modérés se chamaillent et se divisent sans cesse. Les gouvernements tombent, les problèmes restent, la IVe République apparaît de plus en plus déchirée et impuissante. Pierre Mendès France à gauche, Paul Reynaud à droite proposent des révisions constitutionnelles qui pourraient instaurer la stabilité. En vain. Cette République est suicidaire et elle finit d'ailleurs par s'effondrer.

Avec la Ve République, le retour au pouvoir du général de Gaulle remet de l'ordre, de l'autorité et de l'ambition. Le souverain n'est pourtant pas un thaumaturge. Les divisions continuent : au sein même des gaullistes, avec la guerre d'Algérie ; face au Cartel des non lorsqu'il décide en 1962 de présidentialiser officiellement la Ve République et que tous les partis sauf le sien s'unissent fugitivement contre lui pour bloquer, d'ailleurs en vain, sa réforme ; face au lent rassemblement de la gauche encore mais surtout face à Mai 68 : devant des événements qui les dépassent, une crise de toutes les autorités sociales qui les efface et les affole, les partis se déchirent en désordre, comme une fourmilière démantelée. Les institutions tiennent, la société politique s'émiette soudain.

Après le Général, la division se poursuit, apaisée sous Georges Pompidou, renaissante sous Valéry Giscard d'Estaing, gauche contre gauche, droite contre droite, permanente depuis. Affrontements bloc contre bloc, d'alternances en cohabitations, affrontements au sein de chaque bloc, contestations gauchistes à la marge d'un côté, émergence progressive du Front national de l'autre. Les partis s'opposent et se querellent comme jamais mais ils s'épuisent de plus en plus à incarner des clivages politiques et sociaux cohérents. Les partis de gouvernement sont vampirisés par les écuries présidentielles qui les dessaisissent de leurs pouvoirs centraux, le choix des candidats et l'élaboration des programmes. L'apparition progressive, d'abord à gauche, puis à droite des « primaires » consacre d'ailleurs cette éviscération des partis de gouvernement. Plus à gauche, les trotskistes se perpétuent en infiltrant les syndicats cependant que le PC n'en finit pas de décliner, survivant à travers la CGT, quelques municipalités et le Secours populaire. Très à droite, le Front national devient progressivement un parti attrape-tout, puisant néanmoins l'essentiel de ses forces dans les milieux populaires.

Pendant deux siècles, la politique a donc largement opposé deux France, de la Révolution à la « grande alternance » de 1981. Depuis, gauche et droite n'incarnent plus seulement deux France, parce que le paysage se métamorphose en profondeur : ce ne sont plus deux France qui se combattent mais des France qui se dessinent les unes contre les autres. À cette aune-là les querelles des factions internes aux partis ne ressemblent plus qu'à des pantomimes insignifiantes. La réalité est ailleurs. La société politique se décompose parce que plusieurs France s'opposent deux à deux en duels parallèles. Les divisions françaises s'additionnent ainsi sans se fondre en blocs antagonistes. Les clivages se croisent au lieu de rester parallèles. La dispute continue et même s'aigrit mais elle se transforme. La société politique se complexifie. La France n'en devient que de plus en plus difficile à gouverner.

Le mouvement n'est d'ailleurs pas unilatéral. D'un côté la France devient plus homogène, de l'autre elle se fracture davantage. Homogénéité croissante ? Personne, hormis quelques groupuscules marginaux violents, ne met vraiment en cause ni la République ni la démocratie. C'est bien la première fois de notre histoire et cela date du milieu de la Ve République. Pour le Parti communiste, le tonitruant mais réaliste Georges Marchais a abandonné le léninisme et adopté les formes républicaines de la démocratie. Fin de la « dictature du prolétariat » ou du

« parti avant-garde ». Le suffrage universel devient enfin la loi suprême du PC qui se résigne ainsi à des institutions qu'il déteste. Aujourd'hui, Jean-Luc Mélenchon appelle bien à « l'insurrection citoyenne » mais dans le respect du vote et de l'alternance.

À l'extrême droite, le Front national ne pratique pas la violence physique et ne met pas en cause les principes de la démocratie, même s'il prend ouvertement ses distances avec les valeurs républicaines, s'il entretient un culte ambigu du chef et de l'autorité et s'il défend une conception très ethnique de l'égalité. En fait, on peut dire que la classe ouvrière s'est peu à peu intégrée à la société politique, de la victoire du Front populaire à Georges Marchais, la participation au gouvernement, même épisodique, du PC en témoignant. La gauche dans son ensemble, elle, s'est intégrée pleinement à la Ve République depuis la victoire de François Mitterrand le 10 mai 1981.

Même si certains rêvent toujours de VIe République, la société politique française n'a en ce sens jamais été aussi profondément intégrée. On peut en dire autant de la société civile devenue avant tout, on l'a vu, une société urbaine, salariée, assurée sociale, téléspectatrice et démocrate. Homogène comme jamais dans son histoire malgré les inégalités, malgré les blocages de la circulation sociale, malgré le chômage et la précarité. La France est aujourd'hui un pays de vastes classes moyennes intégrées, au moment même où elle devient une société politique en pleine différenciation et en pleine décomposition. Homogène ici, fracturée là.

Bien entendu, elle demeure néanmoins une société de classe. Les fractures sociales n'ont pas disparu mais se sont déplacées et décomposées. La paysannerie n'est plus qu'une étroite minorité, en revanche les rurbains, travailleurs modestes ou retraités citadins résidant à la campagne, se multiplient. La classe ouvrière ne ressemble plus à ce qu'elle était : les tâches se sont individualisées, les spécialisations se sont multipliées, les qualifications professionnelles se sont diversifiées, la solidarité a décliné. Les classes moyennes, elles, se sont considérablement développées, avec en leur sein des strates très différentes, publiques ou privées, travaillant dans de grandes entreprises, dans des PME ou dans des TPE, s'étendant sur un large éventail, de l'artisan à l'ingénieur, de l'informaticien à l'agrégé de lettres, de l'inspecteur des impôts au fondateur d'une start-up, de l'huissier au directeur commercial. Quant à la bourgeoisie, provinciale ou mondialisée, héréditaire ou récente, intellectuelle ou financière, traditionnelle ou décalée, étoffée ou désargentée, patricienne ou « bobo », elle est devenue un véritable kaléidoscope. Dans cette société plus homogène et pourtant plus individualisée, Marx ne retrouverait pas les siens.

Du coup, les clivages se multiplient et s'enchevêtrent. La gauche et la droite perdurent mais ne surplombent plus. Dans le panorama des discordes françaises, on voit d'ailleurs d'autres clivages s'affirmer et relativiser les vieilles divisions. Ainsi de la montée des communautarismes religieux et ethniques qui ne cessent de se renforcer. La question musulmane obsède de plus en plus une large fraction de la population. Après des décennies de confiance dans les vertus de l'intégration, le doute s'est instillé. Au début du XXIe siècle, beaucoup se demandent si l'islam peut réellement se fondre dans la République. Inversement, nombre de musulmans, désireux de s'intégrer réellement sans pour autant renoncer à leur foi, se sentent stigmatisés, suspectés, rejetés. Une nouvelle frontière, très dangereuse, est ainsi en train de s'édifier. L'influence des Frères musulmans et des salafistes inquiète de plus en plus puisqu'ils font passer des préceptes religieux avant les lois civiles et cherchent à imposer leurs règles de vie à leurs coreligionnaires. La violence importée du Moyen-Orient (terrorisme, agressions, croisades idéologiques sur les réseaux sociaux) suscite en retour le réveil d'antiques préjugés. Pour certains, l'islam devient synonyme de danger.

Chez les catholiques, pratiquants ou non, ressurgit simultanément la tentation de s'affirmer non seulement sur un plan religieux mais plus généralement dans la vie de la Cité. Convictions religieuses, principes éthiques et normes sociales (mariage des homosexuels, fin de vie, avortement, etc.) s'entrecroisent. Face au communautarisme musulman qui émerge, un communautarisme catholique renaît. Comme si, devant l'affirmation d'une nouvelle religion, consciemment ou non, les catholiques voulaient rappeler leur statut historique de première religion de France et même de religion effectivement dominante. Les communautarismes religieux se stimulent ainsi et se renforcent les uns les autres. Face à la tentation du communautarisme musulman et à l'ascension de l'islam, la communauté juive, de son côté, se sent menacée et réaffirme elle aussi plus que jamais son identité. Une fraction minoritaire des Juifs de France préfère de nouveau le départ et l'exil. La grande majorité resserre les rangs et demande la protection de la République.

Le communautarisme catholique avait imposé sa marque tout au long du XIXe siècle et jusqu'à la fin de la IIIe République, face au camp laïc. Ce clivage-là s'était apaisé sans disparaître depuis la Libération. Il avait connu de fortes résurgences lors de la grande querelle des écoles privées (en 1984, les plus puissantes manifestations de l'après-guerre) ou tout récemment à propos du mariage pour tous. Un statu quo pragmatique traversé par des crises sporadiques s'était ainsi instauré. Un clivage historique, reflet d'anciennes et terribles divisions, paraissait s'estomper, facilité par le vaste mouvement de sécularisation, sensible dans toute l'Europe mais particulièrement puissant en France. Malgré cela, des antagonismes communautaristes sont néanmoins en train de réapparaître. Un fossé entre Français se comblait. Il se creuse de nouveau.

Autre clivage, maintes fois abordé tant il traverse l'opinion et oppose les Français les uns aux autres, la question européenne. Là aussi, on l'a vu, la fracture n'est pas nouvelle mais elle a pris progressivement depuis le début des années 90, avec le traité de Maastricht, une tout autre intensité. Ce sont véritablement sur ce sujet deux France qui s'affrontent, deux France de taille comparable. En septembre 1992, le oui l'a emporté d'un souffle avec 51 % des voix lors du référendum sur le traité de Maastricht. En mai 2005, c'est au contraire le non qui s'est imposé avec 55 % des suffrages exprimés pour rejeter le projet de traité constitutionnel européen. Ce sont donc désormais bel et bien deux France antagonistes qui se font ici face. L'une veut renforcer le poids de l'Europe pour affronter la mondialisation. L'autre préconise au contraire le repli sur les frontières nationales, pas seulement géographiques mais aussi politiques, économiques, culturelles et même ethniques. Deux visions du monde, deux visions de la France, l'une optimiste et novatrice, l'autre pessimiste et conservatrice. Les partisans du oui croient que plus d'Europe, c'est plus de chances et d'influence pour la France, les partisans du non considèrent que la France se dissout dans une Europe qu'ils jugent dominée par l'Allemagne et subordonnée aux États-Unis.

Depuis, les positions se sont radicalisées, globalisées et approfondies. Entre ceux qui font le choix d'une France européenne et ceux qui font le choix d'une France repliée sur ses frontières, France solidaire contre France solitaire, le fossé s'est creusé, la fissure est devenue crevasse. C'est que, derrière le débat entre plus ou moins d'Europe viennent se greffer d'autres fractures. Les partisans de l'Europe veulent s'adapter à la mondialisation, les adversaires de l'Europe rejettent la mondialisation. Les premiers acceptent nécessairement plus de libéralisme économique, les seconds s'y refusent et préconisent davantage de dirigisme. Les pro-européens croient à l'ouverture sur le monde, les anti-européens se veulent bien plus identitaires. Il ne s'agit plus seulement comme au départ d'un simple clivage politique.

Derrière celui-ci se sont imposés progressivement des logiques économiques différentes, des tempéraments et des cultures opposées, des approches contradictoires de ce que peut être et devenir l'identité française au XXIe siècle. Ces fractures-là s'additionnent et s'assemblent. Elles correspondent aussi à des statuts sociaux et culturels différents : d'un côté, la grande majorité des diplômés, des optimistes, la France qui va bien et n'a pas peur de l'avenir, les inclus de la société ; de l'autre, la France qui doute et qui s'inquiète, ceux qui se trouvent en position difficile, ceux que guettent le chômage ou la précarité, ceux qui redoutent l'avenir et le changement, ceux qui se sentent surtout exclus, délaissés, ignorés, abandonnés, oubliés. On est ici bien au-delà des antagonismes partisans. Ce sont deux psychologies, deux statuts, deux tempéraments, deux perceptions du présent, deux visions de l'avenir, presque deux sociétés qui se font face : l'une qui veut participer activement au monde qui change, l'autre qui tente désespérément de s'en protéger, l'une qui accompagne le monde qui vient, l'autre qui reste fidèle au monde qui s'en va. On caricature souvent ce clivage en affrontement masses-élites. C'est de tout autre chose qu'il s'agit, ne serait-ce que parce que la notion d'élite serait bien incapable de recouvrir la moitié de la population. En fait, ce sont presque deux sociétés françaises qui se regardent sans se comprendre ou peut-être deux époques qui se chevauchent sans parvenir à se séparer.

En tout cas, communautarisme et identité de la France provoquent aujourd'hui des conflits ou des fractures plus profondes que le vieil antagonisme entre la gauche et la droite. D'ailleurs, ils font éclater le cadre classique de l'éventail politique. Les communautarismes ne portent pas d'étiquettes, même si les résurgences communautaristes des religions traditionnelles penchent à droite et si la gauche a plus de tolérance que la droite pour le communautarisme musulman. Quant au clivage européen, il coupe clairement la gauche en deux et il oppose nettement la droite à l'extrême droite. Les querelles françaises apparaissent ainsi toujours aussi vivaces mais largement renouvelées. Immuables par leur profondeur, changeantes par leurs territoires.

La dispute, la querelle restent en somme une éclatante et malheureuse spécificité nationale. Ses formes évoluent, ses thèmes se modifient, les personnages qui les portent se renouvellent mais ses ressorts, ses tentations, ses passions, ses excès, ses débordements poursuivent, décennies après décennies, siècles après siècles, leur travail de division et de ressentiment. Georges Pompidou s'était écrié un jour : « Allons-nous éternellement entretenir saignantes les plaies de nos désaccords nationaux ? » La réponse est hélas positive. Le grand humoriste Pierre Daninos avait eu, lui, cette formule ironique et profonde : « La France est le seul pays au monde où, si vous ajoutez dix citoyens à dix autres, vous ne faites pas une addition mais vingt divisions. » La vérité est peut-être encore plus cruelle : les Français ne s'aiment pas assez, ni eux-mêmes, ni entre eux. La nation est solide mais l'unité est imaginaire.

Conclusion

La France est ce pays incomparable qui parvient à se montrer à la fois culturellement progressiste, économiquement conservateur, socialement corporatiste et politiquement protestataire.

S'il s'agit d'innover en matière de mœurs, depuis l'introduction du divorce sous la Révolution jusqu'au mariage pour tous aujourd'hui, de l'autorisation de l'avortement à l'aménagement de la fin de vie, alors la France se situe toujours résolument en flèche. De même ici, le culte de la littérature, la passion de l'Histoire et la vivacité du débat des idées font de ce peuple l'un des plus littéraires et des plus friands de thèses nouvelles ou de doctrines audacieuses. La France est culturellement un pays toujours pionnier.

Cela n'en rend que plus étrange par contraste son conservatisme foncier en matière économique. Ici, l'on est toujours en retard d'une révolution industrielle. C'est l'État qui commande et il n'évolue pas vite. Le marché a pourtant pris le pouvoir dans le monde entier depuis belle lurette mais à Paris, on n'est toujours pas résigné à en accepter la logique et à en mettre les conséquences en œuvre. La France reste la championne des régulations pour le meilleur et des normes pour le pire. La grande entreprise est toujours regardée comme une force hostile et inquiétante, les banques comme autant de Molochs insatiables. Les Français n'aiment pas le capitalisme, se défient de l'Europe et abhorrent la mondialisation. En matière économique, ils n'entrent dans le XXIe siècle qu'à reculons.

En matière sociale, c'est le corporatisme qui règne. La France demeure toujours, malgré l'abolition des corporations depuis la loi Le Chapelier en 1791, un pays de statuts, de corps, de normes et d'indices. Dans le secteur public, leur puissance est défendue par des syndicats ultraconservateurs pour qui toute réforme est synonyme d'agression. Les statuts « spéciaux » des entreprises de l'État sont regardés par leur personnel comme des sortes de tabernacles auxquels il est sacrilège de toucher. Dans le secteur privé comme dans le secteur public, la devise qui s'impose pourrait être « défense et maintien des avantages acquis ». En ce sens, il existe en France un consensus en faveur de l'immobilisme qui exige de la part des rares vrais réformateurs intrépidité et esprit de sacrifice.

Politiquement enfin, la France demeure, d'un régime à l'autre, quelles que soient les alternances, avant tout protestataire. Elle respecte l'autorité, elle a la nostalgie des hommes providentiels, des « grands hommes », mais lorsqu'il lui arrive d'en rencontrer un, qu'il s'appelle Clemenceau, Mendès France ou de Gaulle, elle finit toujours par le renvoyer à ses foyers, aussi vite que le permettent les institutions. Si l'ingratitude est l'un des privilèges de la démocratie, la France est alors le pays le plus démocratique du monde. Elle est en tout cas le plus décidément instable. Aucune autre démocratie européenne n'a connu en un peu plus de deux siècles autant de régimes et autant d'alternances. Le Français est un opposant-né.

C'est qu'il est par principe un citoyen mécontent. Le peuple de ce pays est capable d'enthousiasme, d'élan, de ferveur, de générosité, parfois d'héroïsme, il l'a prouvé vingt fois. En dehors des guerres, cela ne dure cependant pas longtemps. Le Français est, on l'a vu, un individualiste, le plus souvent un individualiste fort critique. Il est en règle générale insatisfait. Il l'est d'autant plus qu'il est pétri de contradictions. Il aime l'autorité, du moins il le dit dans les sondages, mais il déteste la discipline, et cela, il le prouve quotidiennement. Il est fier d'incarner des valeurs universalistes mais il se montre bizarrement provincial dans bien des domaines, répugnant notamment à tenir compte des expériences et des réussites économiques des pays voisins, comme si la France était une île préservée du monde extérieur. Par ailleurs, ne cachant pas un chauvinisme qui est à plusieurs périodes de son histoire tombé dans le piège du nationalisme et menace de le faire aujourd'hui à nouveau. Il a inventé l'Europe mais il fait prospérer le Front national. Il rêve d'unité mais il vit dans la discorde. Il a le culte des idées – les débats politiques français ont parfois atteint des sommets – mais il succombe régulièrement aux sirènes de la démagogie. Il se montre en toutes circonstances furieusement égalitariste mais il s'accroche à des statuts et à des préjugés qui bloquent l'ascension sociale : ainsi sacrifie-t-il depuis trente ans les chômeurs aux archaïsmes du code du travail et les étudiants issus de milieux modestes au rejet de la sélection à l'université. Il refuse de voir que le conservatisme social combat et bloque la voie de l'égalité. Par-dessus tout, contradiction suprême et permanente dans notre beau pays de France, il a le goût de la nouveauté et la peur du changement.

Il aime les têtes nouvelles et les idées à la mode, il se montre curieux de tout et ouvert aux expérimentations les plus hasardeuses. Il ne manque ni d'audace ni d'imagination. Mais dès qu'il s'agit de passer de la théorie à la pratique, de la découverte à la mise en œuvre, alors il se barricade et se replie. On l'a vu mille fois, par exemple à propos du système scolaire et de l'Université, de la fiscalité ou du code du travail, de la laïcité ou de l'immigration. Dans un premier temps, il éprouve un frisson de curiosité, dans un second il refuse tout net qu'on modifie ses habitudes. D'où ce travers éternel, ce handicap permanent : la France reste la République des demi-mesures, des réformes ébauchées et bientôt retirées ou plus souvent éviscérées. On lance une piste nouvelle ou originale, on s'intéresse, on applaudit puis, dès que se précisent les conséquences de la mise en œuvre, on recule, on émonde, on taille, on coupe, on rétrécit jusqu'à conserver la coque sans la cargaison. Le Français aime l'idée du changement et déteste son application. C'était vrai sous Turgot ou Necker, cela le reste sous Valls et Macron. La nation la plus révolutionnaire est aussi la moins réformiste. Comme l'écrivait Alain, le plus français des essayistes, « la résistance aux pouvoirs importe plus que l'action réformatrice ».

On dira que, de siècle en siècle, la France ne s'en est pas si mal portée. Cela peut effectivement se plaider sur la longue durée. Après tout, chaque pays choisit sa voie et, même si celle-ci peut en l'occurrence paraître incertaine ou baroque, elle n'a pas empêché la France de tenir un rang plus qu'honorable dans l'Histoire et de devenir, bien que les Français n'en aient guère conscience, l'un des pays les plus favorisés au monde. Le modèle historique français a pâli, le modèle social français a vieilli, la France n'en demeure pas moins l'une des nations les plus populaires et les plus respectées – comme l'ont prouvé les réactions internationales spectaculaires lors des attentats de 2015 –, l'une des sociétés les plus avancées et les plus privilégiées, l'une des démocraties les plus anciennes et les mieux enracinées.

La question est cependant de savoir si aujourd'hui le modèle français n'est pas en train de s'essouffler, voire de s'épuiser. La France donne au début du XXIe siècle l'impression d'avoir peur de l'avenir. Le pessimisme est à son comble, l'insatisfaction culmine. Pire : les Français semblent tristes et malheureux, plus tristes et plus malheureux que les peuples voisins. Les crises qui se succèdent depuis plus de quarante ans y sont évidemment pour beaucoup mais la France est très loin d'être le pays le plus touché, alors qu'elle apparaît comme le pays le plus troublé. On ne s'étonne plus de voir les Français mécontents. On peut s'alarmer de les voir devenir mélancoliques. Comme s'ils doutaient de leur destin, comme s'ils craignaient un effacement de la France, une déconstruction de la nation. Notre pays a pourtant traversé et surmonté bien d'autres épreuves que celles-ci mais on perçoit comme jamais, peut-être parce que les moyens de le savoir ont beaucoup progressé, l'obsession de la décadence, la complainte du déclin. En bonne démocratie, c'est aux dirigeants politiques de savoir alors proposer un chemin de renouveau, incarner un projet, désigner un horizon. Les Français sont cependant devenus aujourd'hui aussi sceptiques vis-à-vis de leurs dirigeants qu'ils l'étaient à la fin de la IIIe ou de la IVe République. Pierre Nora a écrit avec une lucidité cruelle : « La France est fatiguée d'elle-même. » Et si elle était en réalité furieuse de ne plus être ce qu'elle a été et anxieuse de redevenir ce qu'elle est capable d'être : une nation marquante depuis longtemps et originale pour toujours.

Table

Composition : Facompo, Lisieux

Achevé d'imprimer en Allemagne
par GGP Media GmbH
à Pößneck
en août 2016

Dépôt légal : septembre 2016